井筒俊彦

世界と対話する哲学

小野純一

CALAMVS GLADIO FORTIOR
慶應義塾
大学出版会

はじめに

井筒俊彦（一九一四―九三）は、その死と共に忘れられたかに見えた。九〇年代以降、井筒は言論の世界でほぼ言及されなくなった。数少ない例外の一つは、作家の大江健三郎（一九三五―二〇二三）だった。私は大学生の頃、図書館で昔の雑誌を漁っていた時、「井筒宇宙の周縁で」（『新潮』一九九一年八月号）と題する大江のエッセイを見つけコピーをとった。そこには、彼が若い頃から井筒の愛読者であったことが記されており、驚くとともに納得がいったのを鮮明に記憶している。

二十歳頃の大江は、刊行当時から熱心な読者を得ていた井筒の『神秘哲学』（一九四九年）や『マホメット』（一九五二年）に出会い、強烈な印象を受けたと述べている。それ以降、井筒の著作をほぼ全て読んだと言う。この二冊の著作は、人が神の声を聴き天使を見るという啓示現象が言葉となって迸り出る経験を論じる。それは、世界を創る言葉が、唯一の根源から流出するというヴィジョンだ。大江は、井筒が描く、無限の言葉を蔵する根源性の体験にリアリティを感じたと記している。

井筒は神秘主義的な体験を「ことば」と「流出」の観点から論理的に考察し、言語論として思索を展開する。だからこそ、異文化の人間も無信仰の者も、宗教的なヴィジョンを理解することができ、それに対して井筒のテクストを通じて豊かな理解がもたらされると大江は考える。そこには、言葉を紡ぎ出すことを生業とする作家の実体験に裏打ちされた洞察がある。私は大江からこの井筒像を刻印された。

大江は、対談集『文学の淵を渡る』（新潮社、二〇一五年）でも繰り返し井筒に触れる。それ以外では、現代日本哲学を紹介する雑誌や記事に、井筒の紹介がわずかに載っていたのを覚えている。だが生前には、岩波書店を中心に数多くの東洋思想に関する著作を出版し、その中には遠藤周作や安岡章太郎、司馬遼太郎といった名高い作家たちとの対談も含まれている。対談集からは、時代に鋭敏な作家たちが井筒を高く評価する様子が伝わってくる。それが没後には出版界からも言論界からも姿を消してしまったようだった。

このような状況が大きく変わったのは、二〇〇〇年代のことだった。二〇〇四年には岩波書店の『思想』（十二月号）で、井筒と親交の深かった哲学者、新田義弘や永井晋が、おそらく日本で初めて井筒哲学の可能性を本格的に議論した。文芸評論家の安藤礼二は、二〇〇五年以降、次々と井筒俊彦に関する論考を発表し、井筒を近代日本の代表的思想家として位置づけた。その成果の一部は『近代論――危機の時代のアルシーヴ』（ＮＴＴ出版、二〇〇七年）として刊行された。

井筒の本格的な再評価の波を生み出したのは、批評家の若松英輔による精神的伝記『井筒俊彦――叡知の哲学』（慶應義塾大学出版会、二〇一一年）の刊行である。若松はそれまで「イスラーム学者」として認識されていた井筒が、実存的な詩人哲学者であることを看破し、新たな井筒哲学の可能性を切り拓いた。

安藤は大江と同じく、井筒の『神秘哲学』に着目し、この書が詩と哲学の「始原」をめぐる洞察に貫かれていることを喝破し、『言語と呪術』（英文原著、一九五六年）が「意味の始原」こそ「哲学の起源」であることを理論化するものだと読解してみせた。この始原のヴィジョンは、神秘主義的な「光」として、あるいは「憑依」の体験として、または『マホメット』が生き生きと描く「預言」として展開する。このような「始原」を思索する哲学の書として『ロシア的人間』（一九五三年）を的確に読み解くこともできるだろう。

本書は、先人たちが培った井筒批評の潮流と軌を一にしつつも、井筒が『言語と呪術』で彫琢した言語思想を繙き、それがその後の著述活動では、一貫して「自由」を求める思想として発展していったことを明らかにしたい。井筒は、詩的直観を哲学の言葉で再現し、言語の限界を切り開き、囚われなき自在な心を求める。それを理解する手掛かりとなるのは、『言語と呪術』の核心にある次のような問題意識だ。

人は言葉の持つ意味を「世界」として実体化していることに気づかない。「世界」とは、私たちがその時その場で一度だけ経験するかけがえのないものである。だがそれを「これは花である」「これは石である」と一義的な仕方で規定する時、私たちは生き生きとした経験から遠ざかっている。なぜなら、その「世界」は既に「意味」として、社会的に共有された表現によって規定されており、私たちはそれを繰り返しているだけだからだ。井筒は、そのような意味の実体化を超克する思索を生涯、貫徹した哲学者だった。

井筒は『言語と呪術』で言語の本性に迫る（本書第一章）。言葉は論理的に何かを記述するだけでなく時に人の心を揺さぶり、感情を掻き立てる。その効果を実現するための仕組みが、予め言語の内部に組み込まれている。言語機能の重要なもう一つの要素は、対象（事物や出来事）の「意味」を喚起することでありありと体験させる仕組みだ。だが人は言葉のもつ意味を、実際に自分たちが経験する「世界」（事物）であると思い込んでしまう。このように人の思考が予め規定されてしまうことに、井筒は自身が取り組むべき哲学的問題を見出し、「意味の構造」を解明しようとする。

一九五〇年代から六〇年代の前半にかけて、井筒は『言語と呪術』で構築した理論を、イスラームの聖典クルアーンの読解に適用し、クルアーンが内含する世界観の意味構造を究明し、聖典に描かれる「信仰の体験」を生きた言葉で語り直した（第二章）。啓示の言葉は日常言語を超越した、「外部」からの「語りかけ」として体験される。それを言語化するには、既存の言葉や語彙では通用しない。クルアーンはこの「外部性」を表現しようとする新たな表現に溢れている。だからこそ井筒はこのテクストを選び、その特異な言語を意味論的に分析した。井筒は言葉と言葉、意味と意味の連関に着目する。それらは普段は意識されることはなく、「隠れた意味」として深層意識に埋もれている。人は、その隠れた意味を体験する時、世界を新たな姿で再発見し、それを言葉を尽くして表現しようとするのだ。

この意味体験の理論を用いて、井筒はイスラームの神秘主義者イブン・アラビーの思想を分析する（第三章）。その思想は言語論の視点から次のように端的に纏められる。イブン・アラビーは心を表層意識と深層意識に分ける。表層意識が情報伝達の道具としての言語を通して「世界」を見るのに対し、深層意識は言語化される手前の、あるがままの「存在」を感得する。井筒は、この多層的な意識構造を心の連続的な構造へと統合するイブン・アラビーの観点に最も関心を抱いた。「世界」とは意識が意味から構成するものであるのに対し、「存在」とは意味による実体化から逃れ、瞬間ごとに変容する実在である。井筒は「存在」を流動性と多重性のまま表現する「言語」を探究する。井筒は英文主著『スーフィズムと老荘思想』（一九六六・六七年）で、イブン・アラビーの哲学的概念である「存在」を用いて、歴史的、地理的に関わり合いのないこの二つの思想が同型の構造をもつことを証明してみせた。

井筒は世界の文明に見出される「思考の型」を特徴づける方法を、イブン・アラビーの思想を換骨奪胎して構築し、東洋における種々の思想に適用した。その成果として主著『意識と本質』（一九八三年）を読むことができる（第四章）。『意識と本質』は東洋の諸思想を比較するが、それ自体が目的ではない。井筒は表層意識と深層意識からなる心の構造が、共時的に――時代や地域を超えて――人間に普遍的に共通すると考えた。そこで、東洋の諸思想を意識の表層と深層という構造の中に統合するのと同時に、人間の心を言語から解明しようとした。

井筒の言語思想の根底は、人間意識が、文化や言語といったあらゆる条件を超えて、相互理解のための普遍性を内に宿す、という直観に貫かれている。その普遍性とは、井筒が「存在零度《ゼロ・ポイント》」と呼ぶ意味の実体化を無効にする場所のことであり、想像の源泉として井筒が意識の中に措定した無規定性のことである。意味が無規定であるとは、あらゆる意味になりうる可能性であり、それを自覚するとき、人は固有の生きた「世界」の経験を言葉にする無限性に開かれる。本書では井筒が生涯、思索し続けた「世界と対話する哲学」を考察していく。井筒が構築した「東洋哲学」は、固定化された意味から思考を自由にし、世界を「何か」として規定する本質主義を解体する。

井筒が生涯にわたって格闘した「言語」は、自己を「何か」として規定する軛《くびき》であると同時に、その軛を解き放ち、「世界」や「自己」を新たに解釈し、表現するための可能性でもあった。「意味の実体化」から解放され、自由に思考する可能性を極限まで追究する営みが、井筒哲学の全貌である。このような視点から、結論では井筒の最晩年の著作を取り上げる（第五章）。そこでは、井筒が、東洋の古典思想が生のかけがえのなさをどのように自覚し、言語化するのかに焦点を合わせる。それは、ただ一回限りの生の輝き、人間の真摯な生きざまを究極の形で言語化する思考と表現の探究である。その可能性を井筒は東洋の古典思想に発見し、言語と心を自由な空間に解き放つ実存を「東洋的主体性」として開こうとした。その歩みと意義、そしてその先に見える景色をこれから描いていこう。

目次　井筒俊彦――世界と対話する哲学

第二章　存在の夜の黎明――意味分析論の行方　39

第三章　生々流転する世界――「存在が花する」のメタ哲学へ向けて　89

第四章　存在零度《ゼロ・ポイント》の「眺め」——本質主義を解体する存在の哲学　131

第五章　世界と対話する哲学——自由なる思考を求めて　175

第一章　記憶の彼方の言葉
——『言語と呪術』とクルアーンの詩学

1　言葉が魔力を発動するとき

井筒俊彦（一九一四―九三）は、天才的な言語能力を駆使して、ギリシア哲学からイスラーム哲学、インド哲学、老荘思想、仏教思想に至るまで、広範にわたる諸思想を有機的統一体として読み解き、「東洋哲学」を構築しようとした哲学者と評される。たとえ生涯をかけるとしても、一人の思想家が追究するにはあまりに射程が広すぎるのではないか。そう疑問に感じる人もいるだろう。

だが、井筒俊彦の哲学的探究の中核には、常に「言語」への透徹した関心があった。それは、井筒の哲学的な手法を形づくり、思想の根底を貫いている。その言語思想を究明するのが本書の目的だ。井筒が最初に言語の可能性を探究した著作は、一九五六年に刊行された英文著作 *Language and Magic: Studies in the Magical Function of Speech*（『言語と呪術——発話の呪術的機能についての研究』）である。[1]井筒は生涯の中で多くの著作を生み出したが、『言語と呪術』は唯一のまとまった「言語論」である。その意味で、この書は井筒の思想的原点とその展開を読み解くうえで、非常に重要な著作である。

井筒は一九三四年に慶應義塾大学経済学部予科から同大学文学部英吉利文学科に移り、詩人西脇順三郎に師事した。三七年に同大学の文学部助手として教鞭をとるようになってからは、「ギリシア神秘思想史」の講義を受け持ち、四一年には最初の著作となる『アラビア思想史』を刊行した。五〇年に出版されることになる『アラビア語入門』の執筆もこの頃に開始した。四五年には古典ギリシア語やロシア語、ヘブライ語やアラビア語、ヒンドスターニー語を教え始めた。四九年には西脇順三郎から引き継いだ「言語学概論」の講義を始める。この講義は五六年まで続き、毎年教室から学生があふれるほどの人気があったという。その様子を講義に出席していた作家の江藤淳が「井筒先生の言語学概論」で回想している（『井筒俊彦ざんまい』慶應義塾大学出版会、二〇一九年）。『言語と呪術』はこの「言語学概論」の内容に基づく。全十一章で構成され、古代から現代に至るまで、世界中で信じられてきた言語の呪術的な力を、当時の言語学や心理学、人類学の成果を広範に参照しながら解明しようとする。

「呪術」とは、言語が心に働きかけ、思考や行動に及ぼす効果のことである。井筒は言語の論理的な側面の基底にこの呪術的な側面が働くと考えた。それを解明するために、世界の神話や古典、現代社会の言語行為を対象に分析を行い、言語的呪術の生活史を繙こうとした。ここからは井筒が八年の歳月をかけて描き出した言語と思惟の関係性を読み解き、井筒哲学の原点を辿ることにしよう。
「呪術」とは、言語のもつ魔法や魔術、呪いのような前近代の迷信・風習だけでなく、それらを成り立たせる言語の根本的な仕組みを指す。言語には、例えば世界中に伝わる変身譚の中で魔法が誰かの姿を変えてしまうように[2]、物理的に接触せずに対象に望んだ効果をひきおこす力がある。ファンタジーの中で魔法は物理世界に働きかけ、世界の一部を変える。私たちの日常では、言語が心に働きかけ心のあり方や性質を変える。働きかける対象が物か心かで異なるが、対象に直接触れずに変化をもたらすという根幹の原理は同じだ。童話やファンタジーは非現実だが、言語が心に及ぼす影響は現実である。私たちは日頃から、言葉によって思い通りに相手の心の状態を変えることを経験している。祝いの席で花束を贈り、言葉を贈る。贈り物が人を喜ばせるように、言葉が喜びをもたらすことを誰も疑わない。

　井筒の『言語と呪術』は、言語が感情を喚起させる様々な側面を考察する。言葉は特定の声音で強調したり、意図的に特定の語句を省いたり、断定調で発言したりすることで、聞き手に情緒的な反応を引き起こし、期待通りに印象を操作することができる。人は無自覚にその効果を活用する。井筒はそのような事例を、シュメール語からアッカド語、古典アラビア語、サンスクリット語、漢語、古典日本語まで古今東西の言語で書かれた「物語」の中に探り、言葉の魔術的な力の仕組みを解明しようとした。言葉の本質は心に作用し、特定の情動や思考、行動にかりたてる「呪術」にある。これが『言語と呪術』の主題であり、井筒の言語哲学を貫く主題である。

このような言語観は特異なものではない。近年では、イギリスの著名な心理学者リチャード・スティーヴンズが、悪態やののしりといった感情的な言葉が心に好影響をもたらすことを実証した。[3] 実験では、声を出して悪態をつくグループと、中立的な言葉を話すグループに痛みを与え、痛みへの耐性や心拍数がどう変化するのかを計測した。その結果、悪態をつくことで痛みや恐怖が軽減し、心拍数が上昇すると分かった。ののしる言葉が、感情、情緒、情動に関わる脳の部分（大脳辺縁系と大脳基底核といった原始的な脳の一部）に働きかけ、痛みや恐れといったストレスを緩和する。[4]

他にも重要な試験や審査の前に合格を祈願したり、予定の日に晴天（あるいは悪天）を願うことも、感情を言葉にしてその未来を実現しようとする言語行為だ。日常は情報伝達のための言語行為よりも、自分の感情を表出して、他者の感情に影響しようとする言動に満ちている。私たちは、朝の挨拶から始まり、誰かの作品や働きぶりを褒めるなどして、自分や他人の感情に重きを置く。叫んだり想いを言葉にすることで、襲いかかる恐怖や悲しみを軽減しようとする。

『言語と呪術』は、まさにこのような日常的な言語行為を解明しようとする。井筒は、言葉が痛みやストレス、恐怖といった現在の出来事に影響するだけでなく、未来に関与する点も考察する。話し手の願望は、通常、「私は〜をしたい」「私のために〜せよ」などと願望・意志を示す文法形態や命令形で言語化される。だが、形式上は事実の記述に思える発言でも、特定の言語形式や儀式といった言語外の舞台が設定されるなら、祈りや命令、意志表明として機能することがある。井筒は中国の古典『詩経』から、記述の形式でありながら実際には命令として機能する例を挙げる（『言語と呪術』一九七頁）。

天保定爾　以莫不興
如山如阜　如岡如陵
如川之方至　以莫不增

天が爾《なんじ》を守り養い安定させ、かくてあらゆるものは爾とともに繁栄する。山々のように、岳のように、丘のように、急峻なる峰のように、たきもとどろの川のごと、あらゆるものはいやまし盛ん。

（『詩経』「小雅」）

『詩経』は紀元前九世紀から紀元前七世紀にかけて三〇五編の詩を編纂した、漢文学史上、初の詩集である。ここで井筒が引用するのは、祭祀における詩を集めた部分に収録されている一節であり、宮廷の宴で客人たちが王の繁栄を祈る歌とされる。王に招かれた客人は、宴会の席で、王の繁栄が高い山々のように立派で大河の流れのように盛んであると聞き手（王）に語りかける。ここには命令や願望を表す文法形式がなく、「天は王を養い、幸福にする」といった記述文と区別ができない。だが、これは王の有徳さや繁栄について述べる形式をとりながら、実際には、王に対して「そのようであれ」という命令もしくは希求を表明すると井筒は指摘する。

井筒はこのように記述と命令に区別がない点に着目する。言語は文法上どのような形式をとろうとも、「命令」の機能を果たすことがある。それには、言語の起源が命令と不可分であることが関係するという。井筒は人類が言語を獲得した時に体験した言語記号（あるいは象徴）と指示対象との関係について、幼児の意味体験から推定する（第五章）。幼児は「ママ！」という言葉を発すれば、母親が現れることを学ぶ。食べ物かおもちゃが欲しければ、それを指す言葉を発することで欲しいものが手に入ることを知る。こうして、名を呼ぶこと（命名）と名指すこと（指示）とは、その名が当てはまる対象を呼び出すことと同じであるという「意味体験」として、心に刻み込まれる。

動詞の命令形は望んだ行為や出来事を名指すという意味で、望んだ事物を名指すことと目的は同じだ。「原初的な言語」は、現実を望み通りの状態へ変えたり、対象を呼び出したりする点で、動詞や名詞といった品詞にかかわらず「命令」である。言葉を発することで、その意味する対象が眼前に現れる。こうして井筒は、何かを名指すこと（指示）が、本質的には指示対象を実体として出現させる命令であることを論じる。

何かを指示すること（「これはりんごである」）、すなわち情報を伝達することは、事実の客観的な言明や記述を可能にする極めて重要な言語機能である。このことを井筒は言語のもつ論理《ロジック》の力として重視するが、そんな客観的な記述の根底にすら、聞き手の情動に作用する働きが介在すると考える。このような言語行為は、言葉を発する側の意図通りに、離れた聞き手に影響を与えることができるという「意味体験」に裏づけられている。言語の内的な仕組みや外的な環境、身体行為を利用することで、話し手の意志を具現化する意味体験が「呪術」として探究されるのだ。[5]

2　感情喚起の仕組み

内的な枠組みづけと外的な枠組みづけ

例えば「私はこれがいい」と「私はこれでいい」を意図的に使い分けることで、相手を喜ばせたり、逆に感情を害したりすることがある。前者は「これが最良だ」と伝え、後者は「他のでも良いしこれでも問題ない」という譲歩をほのめかすからだ。このようなとき、私たちは言語にもとから組み込まれた機能を使い分けることで意思表示をしている。自覚的に、無自覚的に、言語に備わる特定の型に表現を落とし込み、自分や他人の心に働きかけようとする。井筒はこのような言語の仕組みを精査する。第十一章「高められた言語」では、言語のもつ「内的な枠組み」を分析し、さらにそれを言語のもう一つの仕組みである「外的な枠組み」から区別する。内的な枠組みとは、聞き手の心に効果を引き起こすために使用される、言語構造に固有の仕組みであり、次の三つに分けられる。

一つめは、修辞的な操作や音声などを用いることである。例えば、レトリカル・クエスチョン（修辞疑問文）がこれに当たる。「これはりんごである」を強調するために、「これをりんごと言わずして何と言おうか」と修辞的な疑問形を用いるようなケースである。この他にも、文章や単語の一部を強く、あるいはゆっくり発音するなど音声を操作して何かを強調することも、この第一の要素に当てはまる。

二つめは、聞き慣れない古い言葉や無意味な語を使用することである。例えば、私たちは聞き慣れない外国語の語彙を会話や文章の中で用いることで、注意を喚起したり、煙に巻いたり、自分を知的に思わせたりすることがある。井筒はこのような例を世界の古代言語に探る。エジプトの言語であるコプト語のある文章では、庶民の知らないヘブライ語（古代イスラエル人の言語）の神名が使われ、古代メソポタミア（現在のイラク）のアッカド人の日常に欠かせない典礼や悔悛の文章には、彼らの知るはずのないさらに昔のシュメール語が登場し、古代インドのパーリ語の文章には、より古いサンスクリット語が用いられる。それらを根拠に、井筒は、擬古文（古い時代の文体をまねた文章）や無意味な語、曖昧な語、馴染みのない語、外国語を用いるなどの文体上の操作が、言葉を厳《おごそ》かなものへ高め、印象深くすると考えられていたと述べる。

三つめは、心に働きかける強力な効果をもった詩の言葉である。井筒は印象的な例として、古代アラブ人の言葉を引用する。「あなたの詩は、われわれの敵にとっては、夜の闇のなかで放たれる矢よりもはるかに危険だ」（二一六頁）。これは、預言者ムハンマドの専属詩人ハッサーン・イブン・サービト（五六三頃―六七四頃）の詩を指しており、詩的言語が不可視の霊的な武器だと考えられていたことを如実に伝える。日常的な言葉でも、例えば、誉め言葉は人を鼓舞し、暴言は人を傷つけるように、人の心に強く働きかけるような言葉がある。詩の言葉は韻律によって心に働きかける力を強める。心に働きかける効果こそ詩歌の根本であり、最も普遍的な内的枠組みの手段であると井筒は考えた。

これら三つの要素は、言語の論理的な機能そのものに内在し、効果を発揮することから「内的な枠組み」と呼ばれる。言語は推論や論証を可能にする指示や命令、情報伝達といった論理的な機能の根底で、感情を喚起する呪術を密かに働かせるのだ。[6]

内的な枠組みづけの対をなすのが「外的な枠組みづけ」である。これは、言語外の環境を利用して、聞き手に印象を刻みこみ、心理的影響を及ぼす言語行為を指す。この例として井筒は『万葉集』から、大伴坂上郎女《おおとものさかのうえのいらつめ》の作「我れは祈ひなむ君に逢はじかも」（「あなたに会いたい」）を取り上げる（一九二頁）。これは、願望を実現するための儀式を叙述する。

ひさかたの天の原より生《あ》れ来たる神の命《みこと》／奥山の賢木《さかき》の枝に白香《しらか》つけ木綿《ゆふ》取り付けて／斎瓮《いはひへ》を斎《いは》ひ掘り据ゑ／竹玉《たかたま》を繁《しじ》に貫き垂れ／鹿《しし》じもの膝析《さ》き伏して／たわやめの襲《おすひ》取り懸けかくだにも／我れは祈《こ》ひなむ君に逢はじかも

あまの原よりくだり来たりし畏れ多き神よ／み山の常緑の枝に細長い白麻切れと木綿を結び／神聖な酒瓶を清めの儀式で掘って据え置き／あまたの竹の輪に紐を通しそれを酒瓶から下げて／鹿のごとく膝を折って身をかがめ／乙女の私が祀りのための上着を羽織り掛けて身を包み／かくて恭しく汝に請いますわが君に会えぬものかと

（『万葉集』巻三・三七九番）

この歌は山の奥で常緑の枝に白い布を結んでそれを酒で清め、神に祈りを捧げる儀式を描写する。複雑なプロセスから成る祭祀が、「会えるようにしてほしい」という日常言語を、神と対話するに値する言語へと高める。このように、言語の外にある「儀式」や「環境」という舞台設定（枠組み）によって、言語の呪術性は強められることを井筒は指摘する。

指示と象徴

目の前の事物を指で差して、客観的情報を指示し、伝達する言語行為も、聞き手の注意を指の先に向わせ、心に働きかける。[7] 井筒は第十章「呪術の環のなかの言語」で、言語の情報伝達としての指示機能の起源が、身振りとしての「指差し」であると推察する。中国語の決まり文句「指天誓日」は字義通りには、天を指差して太陽に宣誓すること、天に誓うことを意味する。天に向かって指を差し、太陽に宣言するという意味を込めて、自分の言葉が信用に値すると身振りで主張するのである。このような「身振り」や舞台設定もまた「言語の外的な枠組みづけ」である。ここから井筒は、「指示」が「外的な枠組みづけ」である身振りや儀式と不可分であり、強調したり印象づけたりして情動を引き起こす言語行為と同源であることを示していく。

儀式はある場合に、指で指し示す、何か聖なるものの上に手を置く、背筋を伸ばして座る、

深刻な顔をするなど、きわめて単純な象徴的行為をただ執り行うことだけに還元されることもある。（一九八─一九九頁）

井筒は多様で複雑に制度化された儀式を、「指し示す」「座る」「表情を作る」といった単純な象徴的行動に還元する。ここから彼は、身体によって何かを示し伝えることも、言語で何かを記述することも、その場を共有する聞き手や観客の心に働きかける「呪術」であると論じていく。第四章「近代文明のさなかの言語呪術」では、一九五〇年代までの英米哲学を参照し、現代社会における「儀式」である裁判の一連の審査過程や宣誓、法的判断、さらに道徳的判断が、心に働きかける点では「呪術」であると述べる。[8] アメリカの裁判では、中世ヨーロッパと同じく、真実を述べることを宣誓するために聖書の上に手を置く。これは太陽を指して神に誓うように、聖書を指して神に誓う象徴的な行為である。聖なるものを指差すことで、自身の発言が真実であると印象づけるのだ。宗教性のない現代の裁判でも、発言内容の意味だけではなく、儀式（特定の手順、特定の動作、厳粛な表情や服装、発言）がこの印象づけを強化する。儀式や特定の振る舞いを伴う宣誓は「外的な枠組み」に当てはまる。指示や判断の表明、宣誓、儀式における振る舞いといった象徴的な言動によって心が変容すると井筒は考える。

二〇世紀後半の言語行為論を代表するジョン・R・サールは、『表現と意味──言語行為論研究』（一九七九年）の中で、「宣誓」あるいは「宣言」はその言葉の内容に対応する現実を生み出すことだと述べる。人が誰かをある役職に任命したり候補者として指名したり、結婚の宣誓をしたり、宣戦布告したりする時、それらの発言内容は、宣誓の性質上その通りに実行される。宣誓は、発話の内容が事実と一致することを特徴とし、行動を引き起こし世界に変化をもたらすのだ。この考え方によれば、聖書の「光あれ」という神による命令も、その言葉が光の出現として世界を変容するゆえに、宣誓の一種ということになる。

これに対して、哲学者の中山康雄は『共同性の現代哲学――心から社会へ』(勁草書房、二〇〇四年)で、サールの理解では、「宣誓」や「宣言」が、「蛙になれ」という言葉で人間を蛙にする魔術と区別できなくなると指摘する。中山の考察では、儀式や宣誓を構成する根本的な言語行為としての指示によって、その内容が伝達され、聞き手は話し手の考えを知り情報を獲得する。その結果、聞き手の心に変化が生じ、宣誓の言葉通りの行為が引き起こされるなら、宣誓文で言われた内容に対応する事実が形成される。ここから、言語を共有する共同体の信念にも変化が生じ、制度的な事実の形成に繋がることが指摘される。中山にとって、心の変容こそ宣誓の眼目なのだ。

中山と同様、井筒は儀式や宣誓といった象徴的な言語行為が、個人の信念を形成し、集団による信念の共有やその制度化を引き起こすと考えた。だからこそ、井筒は『言語と呪術』の次の仕事として、イスラームの成立を集団的な信念体系の形成として描くことになるのだ。その理論的な準備として、井筒は『言語と呪術』で宗教的、世俗的な儀式や宣誓、指示といった象徴的な言語行為を考察し、その本質的な効果を心の変容と考えるに至った。心の変容を引き起こすこれらの象徴的な言語行為は「強調」に還元することができる。

繋辞と強調

このことに関連させて井筒は、中国語で客観的な記述や言明、判断を示す文「AはBである」（「私は大学生です」は「我是大学生」となる）を論じる。中国語で主語Aと述語Bをつなぐ「繋辞《けいじ》」（英語のbe動詞「である」）は「是」である。この語は指示詞として何かを「これ」と指す用法のほか、「正しさ」も含意する。[9] したがって、中国語で客観的事実を指示し記述する時、同時にこの記述内容が「正しい」「真である」（大学生であることは本当である）と強調していることになる。[10] 中国語の「是」においては、発言内容が正しいことを保証し強調する宣誓と、その宣誓に密接に関わる指示や叙述とが重なり合い、分かちがたく結びついている。

アラビア語は、中国語と同様に、繋辞を必要としない。「AはBである」と言いたいときには「A B」のようにただ主語と述語を並べるだけでいいのだが、指示詞「それ」(huwa) を主語と述語の間に挿入して繋辞（である）の代わりに用いることもできる (A huwa B)。そのような文は中国語の「是」を用いた時と同じく、「A、それはBである」という強調の含みがある。また、古典アラビア語で「AはBである」という意味で、宣誓の形式を用いて「神にかけて、まさにA〔は〕まことB〔である〕」(wa-ʾIlāhi inna A la B) と強調的に表すことも可能である。いずれの場合も、内容上は記述や叙述でありながら、形式上は強調と同じなのである。つまり、中立的で客観的と見なされる叙述が、形式上は宣誓と一致する。だが井筒は、それが単に形式上の問題ではなく、そもそも記述や叙述とは「強調」であり、聞き手の意識を操作する意図を当初から孕むと考える。

井筒はガリレオの言葉とされる「それでも地球は回っている」(E pur si muove)によっても例証する。この言葉は、一見して中立的で客観的な記述だと言えるだろう。だが、アングルを変えて読めば、この一文は表層に現れないガリレオによる断定や強調(「言表態度 modus」)を含んでいることが分かる(「地球は回っている、そのことを私は肯定する」)。それどころか、この発言には、聞き手の理解や感情に働きかけたいというガリレオの意志や主観の表明(「地球は回っているのを信じてくれ」)すら聞きとれるだろう。とりわけ、ガリレオの言葉にあるような「それでも」や「そして」「しかし」といった中立的で記述的な接続詞すら、聞き手の思考や知覚を方向づけ、心理・情動に働きかける。これらの例の考察で重要なのは、井筒が言葉の本性を「強調」による感情喚起・情動操作と考えたことである。[11]

3　意味は経験を実体化する

私たちは経験を名づけ、指示し、論理をめぐらせ、伝達する。「名づけ」とは、「りんご」や「本」といった「名」(単語)とそれが指し示す「物」との対応が言語共同体で共有されている場合に、それらの名を用いることである。前述した繋辞によって「これはりんごです」「これは本です」などの文型を生み出す。この主語と述語の組み合わせによって、何かが何かであると言明したり判断したりすることが可能になる。

このような論理的な判断においても「呪術」は介在する。指差す身振りとしての指示が本来、心に働きかける強調として機能するのであるなら、客観的な指示においても本来の強調は影を潜めつつも、影響力を振るう。強調としての指示が、指差す身振りとしての象徴から、言語記号としての象徴へ転じても、強調の機能は引き継がれる。むしろ今度は言語的象徴が、心に像を結ぶ働きをするようになる。この象徴的な変容の場を井筒は「呪術」あるいは「自発的な儀礼」と呼び、それが言語発生の場と捉える。井筒は感性的で即物的な観念が渦巻く心の中から、言語が発生する場を次のように述べる。

ある特定の明確な対象を指さし、同時に特定の音を発するという執拗な欲望の支配下にいる未開的な人を想像してほしい。意識の絶え間のない流れのさなか、永続的で恒常的な何かが初めて捉えられ、そして、名指しの機能の発達への決定的な一歩が踏み出された。まさに、あらゆる感覚的な――そして、ゆくゆくは概念的な――知の必須条件としての対象化の端緒がここにあることはもう明らかだ。（一八〇―一八一頁）

ここでは、指で明確な対象を指し示す行為が、言語的な象徴に転じるプロセスが描かれる。すなわち認識や対象化のプロセス——身の回りで経験した事物事象を言語的な象徴（記号）に変容すること——である。言語的な象徴とは、端的に言えば「名」である。事物をその名（語）で指示することや身振り手振りで指示することは、事物に注意を向け、事物を経験に立ち現れさせ、事物の代理をする。だが、指示は決して事物自体ではない。私たちは事物を「指示すること」で事物を間接的に捉えている。事物を指で示すのも、言語的な象徴を用いるのも、結局のところ関接的な指示にしかなりえないと井筒は言う。言語が誕生するより前に、言語の代わりをした「身振りとしての指示」ですら、対象を間接的に把捉する言語的な象徴へと転じる。言語が成立してからも、身振りとしての指示とその代用である言語はどちらも間接的に対象を特定し明確にする。

指さす動きは、身体的であろうと精神的であろうと〔つまり観念や心象、言葉を用いようと〕、さまざまな種類の指示語の発生やそれらの段階的な増加を直接に引き起こすことになることは、特別に強調する必要はないであろう。というのも、これらは指さす身振りの直接の代用語にすぎず、それ自体は手が摑んだり握ったりする動きが象徴へと変容したものにすぎないからである。（一八一頁）

私たちが経験したことを指示し、名づけ、思考し、伝達する言語行為は、現実を象徴する記号が実際の事物や出来事の代理として働くことを成立条件とする。「りんご」や「本」などの言語的な象徴（名前）によって、それらの像あるいは観念が心の中に結ばれる。井筒は、言葉の内包的意味《コノテーション》（connotation）を形象、観念、表象、概念、心象（または心像）といった心的な出来事と捉える（九五頁）。この点で、井筒の言語論は、イギリス経験論、とりわけジョン・ロックの流れにおいて理解できるだろう。[12] 思考はこういった観念から成り、他者にその観念を伝達することもできる。井筒はこれが「コミュニケーション」であると考える。

心と本質

思考や情報伝達の対象が観念であるとする見解によれば、私たちが捉えられるのは事物そのものでなく、観念だけであることになりかねない。事物事象の客観的世界とそれを知覚する心の間に空隙や断絶を設けるなら、私たちは直接に世界を経験していないことになる。そう疑問を抱く人もいるだろう。[13] 確かに、もし世界の部分としての特定の範囲に「りんご」や「本」という名を与えられるなら、それはすでに区別があるからではないだろうか。区別があるから命名が可能なのではないか。したがって、すでに区別された部分に言語を当てがうにもかかわらず、言語が世界を諸部分に分けると言うのは矛盾だろう。[14] この疑念に対する井筒の答えをまとめると次のようになる。

感覚器官が事物に接触すると、りんごと梨を比較し類似性や違いを感覚する。感覚は事物の形や色、質感などの性質を伝達するのであって、それが何であるかを伝える機能ではない。経験対象について「これは何であるか」と言えるためには、感覚器官とは異なるレベルで、感覚データを範疇化し分類する高次の心的機能が必要になる。その高次の心的作用は、様々な事物がもつ類似性や違いに名を与え、感覚データを分類することを可能にする。名と名づけの対象とがこのようにして固定化することで、特定の性質の組み合わせが曖昧ながらもひとまとまりの形態（ゲシュタルト）を構成する。すると、人はそのように繰り返し構成される意味が、あたかも固定的で不変の対象をもつかのように錯覚する。井筒はこれが事物の「本質」として認知されるプロセスであり、この「本質」はプラトンのイデアに当たると考える。

井筒は「意味」(meaning) を四つの機能から記述する（一三〇頁）。一、意味された対象を直接指示する機能、二、現実を直観する機能、三、情動喚起の機能、四、言語的表現を生き生きとさせる構造の機能。これらの機能はすべて心に作用する言語の本質的な側面である。とりわけ、現実の直観が、情動を喚起する点に注目したい。私たちが現実を直観する時、心の中で「意味」が構成される。その意味の生成を経験し理解することで、現実を生き生きとリアルに感じる。現実の指示対象（りんご）が目の前にあるからリアルなのではなく、「これはりんごである」と対象化し、認知や判断として意味を構成するからこそリアルに感じられるのだ。

言葉が事物を指示し、意味が喚起される

人間は大部分の経験を視覚に頼る。色は、目が受容した光の波長を基に脳が情報処理した感覚であり、光の受容器官が異なる動物は違う色の世界を見ている。さらに人間の脳は網膜で青・緑・赤を受容する細胞を基に色を処理するのに対して、例えばアゲハ蝶では、紫外線のほかに、紫、青、緑、赤の波長を基に処理が行われることが解明されている。生物学的に見て、異なる種の間では、感覚へのデータの与えられ方が異なる。したがって世界の現れ方や見え方が異なると考えられる。この点で同じ種である人間同士なら、身体による情報処理の原理は感覚データの与えられ方から処理の仕方まで共通すると考えるべきだろう。目の前にある果物や木や机など、事物についての経験は、触覚や嗅覚などによっても確かなものであることが裏打ちされる。

それに対し、「一角獣」や「丸い四角」あるいは「無」の概念は、そもそも存在しないため、物によって裏付けられない。したがって、その意味がどう構成されるのかを確かめなければ、他人と同一の理解をしているのかは判然としない。これに対して、感性的・即物的な事物では、感性的・即物的な「意味」が外的な感覚データとして人に共通して与えられ処理される。そのため、その感性的・即物的な「意味」が、「一角獣」や「丸い四角」あるいは「無」といった概念と、同様の仕方で意味構成をもつとは考えにくい。わざわざ、その意味がどう構成されるのかを確かめなくとも、目の前に存在する物を他人と確認し合えるからだ。たとえその概念（意味構成）を別の言葉に置き換えて押し広げるように展開しても、与えられた感覚データが共通であれば、同一の認知をしていることが判明するだろう。

ところが井筒は、感性的・即物的な事物であっても、言葉で指示される以上、異なる文化の間では、意味構成が必ず異なると指摘する。感性的な事物の意味構成を『意識と本質』（第八章）は「感性的イマージュ」「即物的イマージュ」と呼ぶ（本書第四章）。この意識に浮かぶ物の像《イマージュ》が事物とあまりにぴったりと一致するため、イマージュの介在が意識されず、名が経験そのものであると私たちは錯覚する。このイマージュが実体化される過程を『言語と呪術』（第八章）は描く。井筒は、心象や観念、ゲシュタルトとして心に与えられる「内包」が、意味の構成要素、すなわち構造であると考える。この心的なものが外的な事物として経験される時に、「内包」的な意味の実体化は事物として現れる。だから心的なものが実体化したとは意識されない。だが言葉の意味が働き、「何か」が指示されると、その何かは「対象」として特定され、他から切り離され、「実体」として肯定される。このことを井筒は『言語と呪術』で「内包の実体化」として論じ、以降、三〇年以上にわたって、イマージュの生成が経験を可能にすることを論じていくのだ[15]。

不在の概念

ここまで、現実に存在しており、心に思い描くことができる、名を与えられた事物について論じてきた。それでは、対象が名称をもたない場合や、感覚的に認知できないが現実に存在する対象についてはどうだろうか。

私たちは実在しない一角獣、はては成立不可能な丸い四角などをも語ることができる。千角形は、心の中で思い描くことができなくとも、「千」の「角」をもつ「図形」といくつかの概念を組み合わせて理解できる。同じ要領で、分解した概念「丸」と「四角」は理解できるので、丸い四角のような矛盾する概念ですら理解できるように思ってしまうだろう。一角獣は、「額にねじれた一本の角をもつ白馬に似た生き物で、角には解毒作用があり、それが触れると水は浄化される」といった必要条件の観念を複合させて、心に像を結ぶことも可能だ。これらは全て、感覚できる即物的な概念とは異なる。

　このように、認識にとって意味構成は不可欠なのだ。この問題をさらに考えるために、「否定」や「無」に着目しよう。これらは感覚の対象になりえないし、心に思い浮かべることもできないだろう。もし「冷蔵庫にチーズがない」ならば、それはチーズの存在の否定である。だが、この否定は、そもそも「チーズがある」という概念を基底にして初めて可能になる。というのも、私たちが経験する現実世界では、「無」という言葉の指示対象は、存在しないがゆえに感覚し経験することができない。「チーズがない」現実を経験するのは、本来、「チーズがある」現実の否定や欠如としてしか成り立ちようがない。存在を前提にして初めて、その否定としての「無」を語ることができる。何かの「存在」の意味を構成し、その否定や欠如として「否定」や「無」の意味を構成することで、それを判断することができる（「チーズがない」）。

　私たちは無自覚ではあるが、このようにしてのみ不在や非在を語りえる。井筒はこの言語の矛盾した働きに関心を抱いた。欠如としての否定すら、ひとたび言葉で表現されてしまうと、あたかも肯定と対称をなし、ちょうど「〜がある」として肯定される事物事象のように、現実性をもつかのように思えてしまう。これは「チーズがある」という第一次的な現実とその言語的な肯定の観念が、それに基づいた「チーズがない」という第二次的な段階において、否定性を言語化するという二重の意識化として考えられる。「無」という言葉の指示対象は、現実において生起してはおらず、言語現象として意識において構成される。これを井筒は「言語化された思考」と名づける（一五二頁）。

例えば、金星のことを現代の日本語では別名「宵の明星」や「明けの明星」と言う。現代では、対象そのものは同一（金星）であることが知られている。「宵の明星」とは金星が夕方に白く輝く現象（大白星、夕星《ゆうつづ》）、「明けの明星」とは金星が夜明けにかけて赤く輝く現象（赤星、明星）を指す。現代の「明星」という言葉には「宵」と「（夜）明け」という二つの中核的な要素がある。「明星」という語にとって、「宵」は「夕方」「黄昏時」「西の空」を表す内的な要素、「明け」は「明け方」「彼者誰時《かはたれどき》」「東の空」の要素であり。この例では、「明星」の内的な要素である「宵」や「明け」が修飾語として表立って示されることで、意義の違いも明確になっている。

およそいかなる言葉であろうとも内的な意味要素があり、それが必ずしも明示されるわけではない。井筒は、どの言葉にも、複数の意味要素が蓄積され、状況によってその一部に焦点が当てられると考える。この例では、「金星」にとって「宵」や「明け」といった非明示的な要素が、文脈や状況によって表立って現れるのだ。井筒のこの考えは、中世論理学を参照していると思われる。中世論理学は、言語記号には、個物、例えば「白いもの」という言語外の事物を指示する働き（外示 denotation）と、同時に抽象「白さ」が共に示される働き（共示 connotation）があると論じた。井筒は、このように区分される「外示」「共示」をそれぞれ「外延」（extension）「内包」（intension）と見なす現代の一般的な理解に従っている。[16] ここから井筒が、言語記号は外示（外延）の働く条件として共示（内包）の働きを前提とする、という考えを持つことが分かるだろう。言い換えるなら、言葉は現実の事物事象を指示するよりもまず「思考」を指示するのだ。この立場を論証するために、井筒は次のような内包的な意味の実体化を議論する。

内包的な意味の実体化

言葉は現実よりもそれを把捉する思考を指示するという考えを、井筒は重要視した。そこには、ウンベルト・エーコと共振する視点がある。エーコが『記号論入門』で述べるように、現在まで「一角獣」という言葉の外延（この意味に当たる存在）は満たされない。だが、前述した通り一角獣の概念に対応する生き物が現れずとも、これは一角獣だといえる基準（白馬のようだ／額にねじれた一本の角がある／角は解毒作用をもつ／触れる水は無毒になる）を私たちは知っている。そのため、たとえこの概念に当たる生き物が地上にいなくとも、これらの基準を満たさない生物に対して「この生き物は一角獣ではない」と発言できる。もし、このように概念の内包（基準）を列挙したり、それらを話し手に理解させたりすることができなければ、想像の物語を生み出し、それを楽しむことも、嘘をつくこともできないだろう。[17]

「りんご」は実在する物体を指すことができ、「丸い四角」は虚構の観念を指し、「無」は全てを否定する。いかなる言葉であれその言葉を聞くと、私たちは頭の中で意味を構成してしまう。「丸い四角」や「無」ですら、あるように錯覚する。言語の外に実在する裏付けがあろうとなかろうと、言葉は心的内容を指示する。言葉が心的内容（可能的対象）を構成し、それを不変的に指示するので、あたかもその実在があるはずだという信念も生じる。実際、習慣的に同一の語を用いることによって、不変な実在があると仮定し、観念を実在と取り違える、と井筒はプラトンのイデア論を批判する（一一五頁）。井筒はこのような作用を「内包の実体化」と呼ぶ。心的内容は、単に可能的な存在として心にあるのであって、心の外に実在するわけではない（一一一―一一四頁）。だが、内包的な意味の実体化は、概念の心的内容（内包的な意味）を外的世界（外延）に投影させる。これも、心に作用し、世界も変容させてしまう言語の呪術的な力である。

思考がいくら近代化して、言語を論理的に精密にしたとしても、こういった呪術的な精神は消え去らない。私たちは「言語化された思考」を不完全にしか分析できないからこそ、言葉とその指示対象、心的内容を混同して、存在しないと知りながらも幽霊に怯える楽しみがいまだに残っているのだ（一二〇頁）。言語や心の外には存在しない対象を実体化する仕組みがなければ、私たちは誰かの話を聞いて、生き生きと追体験することもない。こういった「非経験的な思考」が、科学に典型的に見られる人間の論理的思考も、空想の世界を構築する想像力も可能にし、さらに道徳などの信念や信条といった体系構築や人心操作も可能にする。井筒俊彦が言語に魅入られた最大の理由は、言語が世界を意味として構成する力をもつからだった。

4　像《イマージュ》はいかに喚起されるのか

無いものを実体化させる言語の不可思議な力。井筒の『言語と呪術』はこの言葉の魔術的な力を解明しようとする。井筒にとって、言葉が魔力を発動させるのは、魔法が信じられていた古代世界に限らない。今日でも人はある言葉を聞くだけで、嬉しい気持ちになったり、怒りを覚えたり、爽やかな気分になる。これにはどんな仕組みがあるのだろうか。

直観による意味の喚起

言葉が与えられれば、心にはただちに像《イマージュ》が生じ、それはさらに連想を自動的に呼び起こす。言葉から連想され、聞き手は心に与えられた新たな状態を直観する。言葉は心の動きを左右する。このことに関して、井筒は第七章「言葉のもつ喚起力」で次の例を挙げる。

例えば順不同に、「海」「木」「歌う」「机」「船」「鳥」「読む」「花」「波」「書物」といった語が与えられても、人は自動的に（1）「海、波、船」、（2）「木、花、鳥、歌う」、（3）「机、読む、書物」のように、三つの領域を想起するだろう。これは語の意味がいつも最初から連想（観念の連合）を前提とし、どの言葉もそれが適用される範囲が予め定まっているから可能になる（一三二頁）。

もしある語が定められた領域を超えて使用されるなら、私たちはその用法を比喩だと見なす。例えば「甘い旋律」は「甘い」という語が属する味覚の領域を超えて、聴覚の領域に移されており、「甘美な言葉」では言語の領域に移されている（一三四頁）。甘さや甘美は、うっとりと心地よいさまを表すだろう。ちょうど美味を舌で感じることで、心地よい気分に浸るように。ここでの比喩は、心地よさという意味の類似性を認知し、その類似性が現実においても直観できるかのように言語化されたものだ。この直観的な意味が現実を生き生きとさせるのは、現実や対象そのものに強調が置かれるからだろう。比喩によって、経験的な事実や真理は初めて意味を持ち、生き生きと捉えられる。知覚の現場で、その経験に言葉が与えられ、意味となる瞬間を井筒は次のように述べる。

力動的《ダイナミック》な働きに特有の圏域に移されると、言葉はいわば照り映えて、その言葉のうちに蓄積する生きられた意味のすべてが呼び起こされ、たちまち〔意味の〕表層へと殺到する。

（一三八頁）

一般観念あるいは抽象的な概念は日頃、深層意識（下意識）に可能的な意味として色褪せたまま沈んでいる。井筒はこれを「記憶の彼方の果てしない深み」（九八頁）と呼んでいる。状況によって、記憶の彼方の言葉、すなわち下意識に安らう可能的な意味が使用されると、生命の場に降りてきて覚醒する。つまり、不活化していた意味の萌芽の一つに焦点が当てられ、それがその言葉の意味を代表するに至る。そうすることで、現実は生き生きと力強く明瞭になるという。これについては第二章で詳述する。

感情による意味の喚起

これに対して、現実を喚起させることで「感情」や「態度」へ働きかけるのが「感情的な意味」だ。これを説明するために、井筒は経験論を代表するアイルランドの哲学者ジョージ・バークリ（一六八五―一七五三）を引用する（一四〇頁）。

言葉によって徴づけられる諸観念を伝達することは、一般に思われているのとは異なり、言語の第一にして唯一の目的ではない。感情（passion）を引き起こすこと、行為を起こさせたり思いとどまらせること、心を何らかの特定の心情にさせることなど、他にもさまざまな目的がある。それらの目的に対して、観念の伝達は多くの場合に重要度が低く、それがなくても目的が達成できるなら、時には完全に省かれる。私の考えでは、そういったことは、日常的な言語の使用では、少なからず起きる。
（『人知原理論』「序論」第二〇節）

井筒は、言語機能の一つとして「感情的な意味」の用法を記述する意味論の先駆者としてバークリを極めて高く評価する。井筒は言葉の感情喚起に着目すべき理由を次のように述べる。

途方もなく多方面にわたる手段で世論に影響を与える広告と宣伝《プロパガンダ》が空前に拡大していく時代に生きるわれわれは、いやおうなく情緒的な効果に比重の置かれた言葉の乱用から結果する危険に極度に意識的にならざるをえない。

（一四二頁）

井筒は第一次世界大戦が勃発した一九一四年に生まれた。少年時代は、広告による空前の大量消費社会が確立する二〇年代だ。三〇年代は宣伝を巧みに利用する独裁軍事政権が世界的に広がる。それを一つの要因として、日本は日中戦争、さらに第二次世界大戦へと向かうことになる。井筒は慶應義塾大学で哲学を教えていた時期に多くの学生が戦地に送られたことを一九四九年に刊行された『神秘哲学』の「覚書」で回想している。国家がプロパガンダで世論を形成する時代を生きた井筒は、言葉の肯定的な可能性と破壊的な危険性を熟知していた。だからこそ、感情や心、すなわち「人間性」を解明するために、言語を主題として選んだのではないだろうか。他の著作と併せて『言語と呪術』を読んでいると、井筒にとって、これは極めて実存的で主体的な選択であったと私には思えてならない。

話し手の感情表現が、聞き手の心理状態に直接に影響するのは、誰もが経験することだろう。自分や他人を元気づけるために、わざと他人を欺くために、無自覚に自分を欺くために、私たちは感情表現を用いる。感情を喚起する言語の力は人間の本性を表す。いかなる感情も混じらない言語行為は、言語の本性から考えてありえない。

しかし、依然としてそれら〔純粋に記述的で中立の語〕のなかに感情的な潜在能力が存在しており、それらは必要があればいつでも、聞き手にもろもろの感情を呼び起こすよう用いられうる。さらに、強い付随的状況によって助長されれば、聞き手に事実を歪んで伝える目的に貢献するだろう。論理的な語でさえ感情的な仕方で働くようにすることもできることは指摘されてきた。よくあるように、声音のわずかな変化でも、感情の爆発的な力を煽ることもできるし、この上なく無邪気にみえる言葉を一瞬のうちにきわめて危険な武器に変えることもできる。

（一四五頁。訳文を一部変更した）

井筒は、当時の言語学や哲学が、言語を情報伝達や記述、指示といった論理的な機能に限定して論じるのを批判する。むしろ言語は、聞き手を誤解させたり、話し手の思いどおりに理解を誘導したりするために用いられる。その側面に注目すべきだと主張するのだ。『言語と呪術』執筆以降、感情や心を操作する言語の呪術的本性の探究は、井筒の生涯にわたる主題となっていく。もう一つの主題は、言葉と人の心の関係を解明することである。意味によって、心に何かが喚起される。その仕組みや内実は、文化によって異なる。それを明らかにし、構造化することに井筒は最大の関心を抱き続けた。本書はその全貌を明らかにする。

意味の喚起あるいは実体化

一見、論理的な機能が、主観的であることを示す例に品詞の問題がある。名詞や動詞、形容詞といった言語的な区分は、ある程度まで現実の区分に対応している（一五三頁）。私たちは、白さという名詞は抽象観念を表し、白いという形容詞は具体的な事物の性質を表すと考えるだろう。だが、言語的区分（品詞）と客観的区分は混同されやすい。

> 「白さは雪の属性である」は「雪は白い」や「白い雪」とまったく同一の意味をもち、両者の違いはもっぱら文法的なものである。つまり、われわれは、単に形式上の手立て《ディヴァイス》として、白いを白さに転換しているのだ。この転換装置《ディヴァイス》を用いれば、属性について語る際に、その属性の所有者を直接に言及しなくても、属性を表す言葉（属性語）は、命題の主語になることができる。しかし、そのような形式的な装置は実際の目的にとって有用にみえても、この事例の性質からして、「抽象的な物」が個別的な物から完全に離れて存在するという錯覚を生み出しやすい。白いが形容詞であることは、ある一つの客観的で現実の性質が現実の物に内在しているかのような気にさせる。反対に、白さが文法的に抽象名詞であることは、その所有者が独立して存在している自立した何かであるか、より高位の何らかの存在単位でさえあるかのような間違った印象を与える。（一五九頁）

言語で表現されるのは、現実の客観構造ではなく、主観的な運用の結果であると井筒は言う。それはあくまで「表現」であって、ありのままの「現実」ではない。現実とは混沌とした何かであり、感覚的な印象を通して明確な対象や活動として言語化される。その表現は、言語の構造を反映するのであって、現実の構造を反映するとは限らない[18]。これを看過すると、私たちは名詞・形容詞・動詞という品詞にそれぞれ対応する擬似的単位を実体・性質・活動として捉えてしまう（一五五頁）。雪を記述したいなら、「白さは雪の属性である」や「雪は白い」と表現できるだろう。私たちは雪＝白さ＝白いという単一の現実を、言語の構造に従って析出し、言語表現にもたらす。そこにあるのは、白いものとして立ち現れる雪でしかない。ところが、私たちは「白さ」という名詞があることで「白さ」という実体があり、それは「白い」という「性質」から区別される現実の存在だと思い込んでしまう。だがそれらは言語上の区分であって、現実の区分ではない。これら様々な言語上の区分が指し示すものは、同一の現実（雪＝白さ＝白い）である。

> あらゆる表現は結局は多少なりとも誤解を呼ぶということを思い起こす必要があろう。どの言語にも完全に誤解を呼ばないタイプの表現などない。言葉が構造的に孕んでいる意味の余剰には、それらの言葉が働く固有の独立した法則がある。そして、こうした意味でわれわれの言語は現実を描写することはなく、またできもしない。（一六六頁）

このように現実には存在しない区分が言語構造の中に組み込まれていることで、私たちは無自覚に意味を実体化してしまう。その意味では、人間は言語に隷属する（一五〇頁）。それが「意味の余剰」であり、あらゆる呪術の基礎である。つまり、呪術は言語の本性の上に成立しているのだ（一七一頁）。

5　存在の夜の密語《ささやき》

言語の本性が「呪術」にあるなら、言語行為は本来、情動に働きかける効果をもつだろう。その操作を最も効果的に発揮するのが詩歌だ。このことに井筒は非常に意識的だった。井筒は世界の古典語から現代のヨーロッパ語まで、様々な詩的言語の事例を『言語と呪術』で紹介する。様々な言語の話者が、特定の文体を駆使して人心を高揚させ、恍惚とさせ、はたまたその心を鎮静させる技術を磨いている。それぞれの言語には固有の韻律・律動の形式があり、言葉がこれらの形式を具現化する詩歌の形式に置かれると、たちまち情動に働きかける。

このことを井筒は次のように描き出す。なお、ここで井筒が「未開」と呼ぶのは、人類が言語をまさに獲得しようとする歴史的な過去のことであると同時に、井筒が人の心の中に想定する意識化も言語化もできない「記憶の彼方の果てしない深み」をこの語は指すと考えられる。それは人間一般に介在する心的水準である。その深みと情動の働きが密接に連動することを井筒はこう描き出す。

持続する律動的な動きや音には感情を高揚させたり、高揚を解く効果があるのは、よく知られている。使用された言葉が理解可能な意味を完全に欠いていたとしても、特定の律動や韻律、および声の速さや音量における一定の変調が効果を和らげたり引き起こしたりすることは、詩人のあいだだけでなく、一般の人々のあいだでさえも、ごく普通に起こる。意味をなさない絶叫ですら、韻文形式で発したり調子さえ整っていれば、聴衆にも歌い手にも催眠的な興奮状態を生み出すことができる。律動的な音に反応するというこの能力は現代人も依然として保持し続けているが、古代人においてははるかに傑出していたはずである。未開的な人々は、周知の通り、音楽や歌を歌うことがもつ感情を刺激する効果に対して極端に敏感である。律動的な音を聴くことをとおして、単純な諸感情から情熱的な歓喜や恍惚に至るまで、驚くほど変化に富んだもろもろの「態度」がたやすく未開的な人々のうちに生じるのである。それゆえ、詩のもつ感情的な効果は、まさしく心理学的・生理学的な基礎を備えており、そこにこそ言語の内的な「枠組みづけ」の手段としての律動と韻律がもつ大いなる価値があるのだ。（二二一頁）

人は詩や音楽、声援などにおける持続する律動的な音、詩句や曲節の反復によって、感情の高揚や鎮静を経験する。[19] 例えば、野球や運動会などの応援で行われる「三三七拍子」は、同じリズムを保ちながら徐々にそのテンポを速めて反復することで、気分を高揚させる。詩的言語は情動と言語の相互作用に効果を及ぼす。井筒は『言語と呪術』で記憶の彼方から呼び覚まされる言語呪術の効果について、近代の詩人ではドイツのゲーテ（一七四九―一八三二）やフランスの詩人マラルメ（一八四二―九八）を引用する。さらにその証左として、情動に作用する韻文形式が重要な役割を果たす古代ユダヤやアラビアの例を挙げる。その代表的なテクストがクルアーンだった。

クルアーンは神からムハンマドに宣託された言葉が、詩的旋律をもってまとめられた聖典である。イスラーム以前のアラビア半島で、予言や詩の文体として知られたサジュウ形式をとる。[20] それは脚韻を踏む散文詩であり、朗誦することで詩的韻律の美しさが際立つ。預言者ムハンマドの存命中からその見事な美しさに魅かれて信者になった人が多かったという。[21] 井筒が翻訳したクルアーンから最終章にあたる第一一四章をアラビア語原文のローマ字表記（発音を優先した）と併せて読んでみよう。日本語訳では至るところにサ行の言葉が散りばめられていることに注意して欲しい。

言え「お縋り申す、人間の主に、
人間の王者、
人間の神に。
そっと隠れて私語《ささや》く者が、
ひそひそ声で人の心に私語きかける、
妖霊《ジン》も私語く、人も私語く、

その私語《ささやき》の悪を逃れて。」

qul aʿūdh^{u} bi-rabb^{i} n-nās　クルアウーズビラッビンナース
malik^{i} n-nās　マリキンナース
ilāh^{i} n-nās　イラーヒンナース
min sharr^{i} l-waswās^{i} l-khannās　ミンシャッリルワスワースィルハンナース
alladhī yuwaswis^{u} fī ṣudūr^{i} n-nās　アッラズィーユワスウィスフィースドゥーリンナース
mina l-jinnat^{i} wa-n-nās　ミナルジンナティワンナース

井筒は日本語訳でサ行の音を含む語を多用することで「ささやき」を連想させる。[22] さらに「すがる」「もうす」「そっと」「ささやく」「ひそひそ」と、サ行の音を響かせて、音による統一感を醸し出している。アラビア語原文のローマ字転写を見ると、脚韻が「ナース」（-nās）で統一されているのが分かるだろう。全体が短い単語で、一行につき二単語か三単語で構成される表現がほとんどだ。単語の多い四行目と五行目は、ｗとｓが繰り返される単語「ささやく者」（waswās）と「ささやく」（yuwaswis）が一つずつ入り、反復が強調される。さらに「ささやく」行為は古代人にとって超自然的で邪悪な呪詛を意味する（五六頁）。井筒はその濃密な妖気漂う暗い世界を「存在の夜」と名づけ、その闇から密語《ささやき》の呪術が立ち昇るさまを描く（『コーランを読む』全集第七巻、五七七頁）。密語《ささやき》の擬音と意味を極度に緊密に張り巡らせたこの短い章句は、想像を絶するほど深い心の闇に覆われた世界から、その闇を超出し切り裂く黎明の主に恍惚として助けを求める。陰鬱で悪意や妖気満ちる漆黒の闇の中で、この章句は朗々と感情的な興奮を示す。「お縋り申す（アウーズ）」は醒めた理性的な意志が助けを求めるのではなく、情念的に助けを求める含意がある。

短い語句から成る短い章は、神からムハンマドへの啓示が始まった六一〇年代の前半に集中する。それらは一文が短く、緊迫した畳み掛けるようなリズムを特徴とする（二六五頁）。異様な緊迫感が漲る文体こそ「呪術」の代表的な特徴である。また、文字通りの意味は明確でも、その文脈で描かれる理由が理解できない表現や誓いの表現を畳み掛けるのも呪術の特徴である。次のクルアーンの宣誓は、古代アラビア半島のシャマンたちが用いる呪術的な言語の形式に属する（二六二―二六三頁）。シャマンとはイスラーム成立前にジンと呼ばれる精霊と交流し、宣託や予言、呪術を行った者のことである。

明けはなつ朝にかけて、
静かに眠る夜にかけて。
（第九三章の第一―二節）

誓おう、夕空の赫《かがよ》いにかけて、
夜とその帳《とばり》にかけて、

皎々《こうこう》と照りまさる満月にかけて、　（第八四章の第一六―一八節）

これらの宣誓は、字義通りには、今まさに朝が来る（「明けはなつ朝」）や一切音がしない真夜中（「静かに眠る夜」）という観念を伝達する目的で発話されているように見える。だが、それは真の目的でない。宣誓は言語呪術の形式として、「わたしは真実を述べる」という意志を伝え、聞き手に働きかける。だから、このクルアーンの詩的言語は、ありとしある事物事象の明白さを引き合いに出して、クルアーンとして示される語りが、明白な事実に他ならないことを強調し、印象づけていると理解できる。

クルアーンは「呪術」の多様な事例を集成したテクストだと言える。多層的な呪術効果を発揮するテクストとして、クルアーンは井筒にとって古典の中でもきわだって呪術的な古典だった。『言語と呪術』は言語と世界、言語と人間精神の関係を明らかにしたが、とりわけ言語のもつ、自己や他者の心の状態を変容する「呪術」としての機能に最も関心を引かれた。だからこそ、井筒は『言語と呪術』の次に、クルアーンの言語世界に取り組まなければならなかったのだ。クルアーンに関する英文著作では、アラビア語に焦点を当て、それが世界観や信念の体系を形成していくさまを詳細に分析し、その成果によって井筒は世界的なイスラーム学者としての地位を確立していくことになる。

だが、大事なのは井筒の哲学的関心がつねに言語と心、言語と社会の関係を一貫して問うことにあった点だ。次章ではその点を踏まえて、井筒の言語への関心とイスラームへの関心とを架橋してみたいと思う。

第二章　存在の夜の黎明
――意味分析論の行方

1　言語と文化――「イスラーム三部作」

井筒は『言語と呪術』で、言語がその根本的な機能とする魔術的な力を解明し、独自の言語哲学の方法論を模索した。この思想家としての初期の時代に、井筒はイスラーム思想からギリシア哲学、文学作品を対象に多様な著作を多数発表しており、方法論や対象を様々に試していたことが窺える。

一九四一年の『アラビア思想史――回教神学と回教哲学』や一九四二年の『東印度に於ける回教法制（概説）』、一九五二年の預言者ムハンマド伝『マホメット』は、一九七五年の『イスラーム思想史――神学・神秘主義・哲学』へと繋がる。一九四八年の「ロシアの内面的生活」や一九五一年の『露西亜文学』は、一九五三年の『ロシア的人間』に纏められる。井筒が自身の原点と認めた『神秘哲学』は、出版こそ一九四九年であるが、慶應義塾大学文学部の助手に就任した一九三七年の講義「ギリシア神秘思想史」を基にする。これらの著作は、イスラーム思想史の精神性を追い、近代ロシア文学史にロシア的な精神性を辿り、古代ギリシア思想史に人間存在と世界の根元的な関わりを考察する。扱う対象は異なっても、みな人間存在の根源を探究する「哲学的人間学」（本書第三章）の実践だと言える。

これらの著作に通底するのは、文学や哲学や宗教といった領域にかかわらず、神や信仰、愛などの真理へと人生を賭して辿り着こうとする人間の態度を描き出す点である。井筒はこの人間的な姿勢を「実存」「深み」といった語で表現する。人間の根源を思想史の中に見出そうとする態度は、『言語と呪術』で理論へと磨き上げられた。井筒哲学の特徴は、人間存在の根底に「意味の働き」を見る点だ。人間の生きる世界の構造は、人間に対して「意味ある世界」として立ち現れる。この主体的関心が一貫したものであることを、一九五〇年代後半から六〇年代にかけて英文で出版されたイスラーム研究とその成果を集約した後年の著作『コーランを読む』（一九八三年）を中心に見ていきたい。

まずは、井筒が『言語と呪術』の完成後、次々と発表していったイスラーム研究の著作について纏めておこう。アラビア語原典から『コーラン』を初めて日本語に翻訳し一九五七年から五八年にかけて岩波書店から刊行した後、次の一連の英文著作を刊行する。

① *The Structure of the Ethical Terms in the Koran: A Study in Semantics*（『クルアーンにおける倫理語の

構造——意味論の研究』）慶應義塾大学語学研究所、一九五九年。改訂版が、*Ethico-Religious Concepts in the Qur'ān* としてカナダのマギル大学出版会から一九六六年に出版された。両者を取り入れた和訳が『意味の構造』（牧野信也訳）として新泉社から一九七二年に出版された。

② *The God and Man in the Koran: Semantics of the Koranic Weltanschauung*（『クルアーンにおける神と人間——クルアーンの世界観の意味論』）慶應義塾大学言語文化研究所、一九六四年。

③ *The Concept of Belief in Islamic Theology: A Semantic Analysis of Īmān and Islām*（『イスラーム神学における信の構造——イーマーンとイスラームの意味論的分析』）慶應義塾大学言語文化研究所、一九六五年。

この「三部作」によって、井筒は世界でアラビア学者、イスラーム学者としての地位を確立する。『クルアーンにおける神と人間——クルアーンの世界観の意味論』と『イスラーム神学における信の構造』には、イスラーム思想研究者の鎌田繁と仁子寿晴らによる優れた翻訳がイスラーム学の研究成果に基づく解説を付して刊行されているので、詳しくはそちらを参照していただきたい。[1] ここでは井筒の言語哲学の方法論の展開を述べておきたい。

「意味の構造」の方法論

「三部作」中の第一作『クルアーンにおける倫理語の構造——意味論の研究』は、意味論を理論化し、それを用いて聖典におけるアラビア語の概念を分析する（以下、改訂版 *Ethico-Religious Concepts in the Qur'ān* を参照し、拙訳を載せる）。序章「言語と文化」で井筒は、この本の目的が、資料（クルアーン自体）そのものよりもその中の語や概念の意味構造を明らかにすることであり、またそのための分析方法を検証することであると明言する。では井筒哲学の中核にある「概念」とは何であろうか。それは「経験」と密接に関わる。井筒はアンリ・ベルクソンを参照して、本来「経験」とは「分化されない総体」であると述べる。そのような「経験」については、古代ギリシア人からフランス実存主義者のジャン＝ポール・サルトルに至るまで古来議論されてきた。彼ら曰く、経験とは言語化されない限り混沌であり「嘔吐を催す塊」（サルトル）だという。この混沌たる経験に秩序を与えるのが「意味」であると井筒は考える。

私たちの心は、現実の構造を受動的に映し出すだけでなく、より積極的に現実を特定の視点、特定の角度から見ている。そして、ドイツ人がガイストと呼ぶこの精神活動こそが、私たちにとって物を現実に存在させる。現実と言語の間には、ある種の創造行為、すなわち与えられた素材をある方向に練り上げる行為が存在する。そして、これこそが「意味」の本来の領域である。現代の用語では、一つ一つの語が、非言語的な現実の一定の言語的カテゴリー化を表す、という言い方で表現できる。カテゴリー化は、多くの異なる事物を統一する精神的プロセスを必然的に含み、それはある原則に基づいてのみ可能である。この原理は、人間が現実に接近するときの特定の角度であり、文化的、歴史的に条件づけられている。
（改訂版、七―八頁）

井筒は現実世界の構造は私たちの心にそのまま映し出されると述べる。さらに、映し出された事物を一つ一つの語によってカテゴリー化する働きがあり、それは世界の形式に実質を与え、私たちにとって真に存在するものになる。それが「意味」である。例えば、西洋の言語とネイティヴ・アメリカンの言語では「机」のカテゴリー化、すなわち概念が異なることを井筒は参照する。西洋ではその機能に着目して円形でも四角形でも「机」と呼ぶ。後者は基本的形状に基づいて世界をカテゴリー化するため、円形と四角形の事物に同一性（「机」）を与えるのは、世界の構造と一致せず非合理的であると捉える。

ここから分かるのは、語とは世界を見る視座を表し、その主体的視点が形をまとったものが「概念」だということだ。ここで「主体的」とは個人としての主体のことではなく、社会的な主体、すなわち「相互主観的」という意味での主体である。このように、語に収斂される視座は歴史の中で形成され、共同体に継承される。概念は客観的世界の写しではなく、共同体が「世界」へ向ける積極的関心が形を帯びたものである。だから井筒の意味論は、世界の特定の部分へと向けられた社会の主体的関心を分析する。

現実のいかなる側面であれ、私たちの希望や不安、欲求や意志、つまり行動や行為にとって重要だと思われるものは、それだけが独立した区分として取り出され、名前の刻印を受け、それにより「概念」となる。主観的な個人的関心が焦点を当てるもの、つまり生の全体構想に不可欠と感じられるものだけが、刻々と変化する印象の束の中から選ばれ、特別な言語的強調を伴って固定化され、それが一般に「名前」と呼ばれるものに他ならない。（改訂版、一〇頁）

社会の主体的関心は、倫理的な高度に抽象化された概念に最も顕著に凝集される。倫理的な語は情緒的な態度を表す。『言語と呪術』が描き出したように、言葉は情動を喚起する。ここからは、井筒が倫理学における情動主義（emotivism）を採用していると理解できる。[2] 情動主義は倫理学に限定せず、宗教的・美的・政治的価値を含むあらゆる規範の構造を分析する立場だ。井筒はこの立場から、イスラーム初期の倫理的な価値の構造を描こうとする。

では、井筒がアラビア語を考察対象に選んだのはなぜだろうか。第一章の冒頭で井筒は、イスラームが東洋で最も根本的に人々の価値観を変えた宗教革命を導いたことに触れる。クルアーンは、部族的な古い規範が新しいイスラームという普遍宗教（特定の部族や民族に限定されない宗教）の理念と衝突し、新興勢力が支配的になるさまを記録する。それは、道徳律の生成と発展を記述するため、道徳思想一般に関心をもつ者にとって格好の事例を提供してくれる。

この転換期の七世紀にアラビア語も劇的に変容した。語の意味構造を考察する意味論にとって貴重な資料として、井筒はアラビア語に着目したのだ。井筒が具体的な資料の分析に採用した方法論であるカテゴリー化は、言語ごとに異なる条件づけを行うため、一つ一つの語の意味を精査する必要がある。例えば、ネイティヴ・アメリカンの「机」の例で見たように、世界の構造を形で分類するか機能で分類するかといった単純な知覚でさえ、社会によって規定される。道徳のような人間固有の価値は、なおさらその傾向が強くなる。そのために、井筒は中心概念や言葉が用いられる条件を正確に記述し、語の正確な意味を捉えようとする。これが『意味の構造』で培われた方法論であり、その後の著作に継承されていく。

連関的意味

第二作『クルアーンにおける神と人間』では、クルアーンの中で様々な鍵語《キーワード》が多様に絡み合って概念の「連合網」を構成する点を注視する。その網目の連関が織りなすのが「連関的意味」であり、『言語と呪術』はそれを「共示的な意味」(connotation) と呼んだ。これは辞書に記載されている「基本的意味」とは異なる。「基本的意味」とは、理論的に仮定された意味であり、社会的・文化的文脈をもつリアルな現実には存在しない「概念的一般者」のことである。現実世界では、全ての語が文化的環境に固有の構造によって色づけられる。基本的意味は、いわば温室で栽培され自然界のあらゆる負荷を知らずに育つ花である。それに対して現実の花は、強風に晒されて鳥に啄《ついば》まれ、動物に踏まれてなお強く生きる様々な痕跡を有する花である。井筒はそのような生の具体的な歩みを留めた「連関的意味」を記述し、そこに照らし出される人間精神の具体相を摑み取ろうとする。そのような具体的な作用の文脈で「アッラー」「預言者」「(神の)使徒」が織りなす連関的意味を分析し、そこに成立する世界観を描く。連関的意味は、種々の古典思想の深層を読み解く後年の井筒の思想にとって重要な視点となる。

「三部作」の最後を飾る『イスラーム神学における信の概念』では、千年にわたる論争の中で、「信じる」(īmān)という語が、各時代、各学派の神学者や法学者、思想家たちによって「不信仰」や「服従」「知」「行為」などと結びつけられる意味連関を描き、イスラーム共同体の歴史の中で意味が精緻化される様を詳細に分析する。言葉と言葉の連関の網目の中で意味を見定めていく。これが、井筒の意味論の基本姿勢である。

このように「三部作」の変遷を辿ってみると、井筒の関心は言語論からイスラーム研究へ「転回」したように見えるかもしれない。だが、言語が物の見方や価値観、世界観を変容させ、世界を意味として構成する仕組みを解明することが『言語と呪術』の目的であったことを想起してほしい。井筒は、この仕組みが言語一般に通底すると考え、それを理論化した。その理論に基づき、クルアーンやハディース、イスラーム神学のテクストを分析し、理論の有効性を実証しようとしたのだ。この時期のプロジェクトで井筒は、言葉の意味がどのように構成され、定められるのか、意味の転換が世界観をいかに変容させるのかを示そうとした。ここでは井筒がその読解の先に何を見定めようとしたのかを明らかにしたい。

世界観の「転回」という観点から考察するなら、これらの著作は宗教的、倫理的な脈絡で用いられる言葉の意味の変遷を、つまり言語史の一部を記述しようとしたと言える。それらはアラビア語全体のごく一部を扱う学問的な試みであるとはいえ、当時の主要な概念がいかに人々の心に働きかけ、価値観や世界観を構築し、社会を維持するのかを客観的に分析するには有効な試みだった。なぜなら、『イスラーム神学における信の概念』が示すように、当時の一般の信者にとっても神学者にとっても、クルアーンの語彙は時代や状況によって解釈が異なっていたため、啓示の真意の正統な解釈をめぐって、宗派は分裂し、学者の間でも論争が繰り広げられていたからだ。

そこで井筒は、言語学や哲学の理論を用いて、クルアーンの主要概念の意味要素を確定し、一つの語の中でどのようにそれら複数の意味要素が絡み合うのかを記述する。その意味要素の連関の仕方は時代に応じて変遷し、しかもどの意味要素に焦点を当てるかで、その語の理解も同様に変化する。その観点から、解釈者たちが何に焦点を当て、どのように理解するのかをも明らかにできる。このようにして、井筒は聖典を信者の理解に即応して客観的に記述できることを示した。本章では、その具体的な方法を追いつつ、井筒が方法論の構築から実践へ移るなかで、一貫して見つめていた言語の本性を明らかにする。

2　発話の現場に降り立つ

ここまで「イスラーム三部作」の概要を見てきたが、ここからは『コーランを読む』の言語論に依拠する。私の理解では、この著作はイスラーム三部作の実証的な成果を踏まえ、新しい理論的な考察を加えながら、言語論に組み込もうとした実験的な書物であるからだ。
井筒が生涯にわたって関心を抱き続けた言語行為の一つが「啓示」である。啓示とは「神」が「真理」を顕現させることを指す。それは、人知を超えるため、普通の言葉では表すことができず、特殊なコトバやヴィジョンによって預言者に伝えられ、様々な聖典がその様子を多様に描き出す。クルアーンによると、アダムが最初の預言者であり、ムハンマドが最後の預言者であるという。井筒はこの宗教的な言語現象を言語行為として読み解こうとする。まずはイスラームの宗教的な文脈ではどのように「啓示」が表現されているのかを見てみよう。
啓示がどのように与えられるのかについて、預言者ムハンマドに尋ねた人がいた。その様子を法学者ムハンマド・アル゠ブハーリーは次のように伝える。ムハンマドによると、神の声がベルの音のように聞こえ、気づくとその音が言葉に転じて心に残っている。あるときは、天使が人間の姿で現れ、話しかけてくる。そのときは始めから言葉の意味がわかる。またあるときは言葉だけが直接聞こえてくる。[3]
この一節は、ムハンマド本人にしか感覚できない神の言葉を、聴覚的なイマージュや視覚的なイマージュが与えられる体験として表す。このような宗教体験は、例えばシャマニズムを含めれば、人類のおそらく全ての社会に見られる現象だ。[4] この人類学的な啓示現象を言語論として考察することで人間の本性に迫ることが、一九五〇年代の井筒の目的だったと私は考える。眼に見えざる世界の相貌を与えるイマージュ、つまり世界を新たに意味づけるイマージュの体験は、シャマン意識よりも、預言者意識においてその特徴を発揮する。[5] そう考えた井筒は、人類学的観点から、預言者とシャマンの意識に通底する「世界の意味づけ」に着目し、そこに露わとなる「実存の深み」を探ろうとした。

実存と文化

井筒がよく言及する「実存」や「深み」について、やや脱線するようだが、井筒の「言語」観を成す中心的な考え方であるので、ここで纏めておこう。人間の生きる生は、環境、社会、時代に限定される。常に「いま、ここ」の具体的な状況に限定されるという不条理や不安を自らに問い、本来の自己を探究して生きる主体的なあり方を「実存」という。実存を追究した代表的哲学者は、井筒が多大な影響を受けたジャン＝ポール・サルトルである。

人間が構築する社会・制度の合理的秩序は、安全を保障するが、個人としての主体性を抑圧する管理・統制の権力機構でもある。人間とはそのような合理的秩序を求める一方、自己を閉じ込める「枠」から逃れようともする。井筒にとって「実存の深み」へと沈潜することは、「日常の秩序」という枠組みを超出することであり、人の心の深部にはそのような欲求があると考えた。シャマン的意識は、この「自己の枠を超出する」欲動と情熱である、と井筒は一九八七年に発表した文章「コスモスとアンチコスモス」で述べる（全集第九巻、三二〇頁）。井筒が啓示やシャマン意識などの宗教体験を追究する背景には、常に私というこの世界の限界を他者における異なる世界の立ち現れと「対話」することで超出しようとする目的があった。

井筒は日常には露わにならない「実存の深み」から、預言者ムハンマドの人間性やクルアーンというテクストを捉えようとした。それは、辞書による規定的な意味として定義された概念を理解することとは根本的に異なる。言葉の深みに降りて、その意味の具体性を成り立たせる働きを把握することだ。例えば、クルアーンやそこに描かれる信念を理解するには、その言語を母語とする当事者が経験する意味世界を、彼らと同じように構成できねばならないはずだ。そのように構成される経験が「世界」あるいは「存在の地平」と言われる。

この言葉の探究と実存との結びつきは井筒の生涯のテーマとなる。本章の冒頭でも述べたように、初期の時代に書かれた「ロシアの内面的生活」「アラビヤ哲学」や代表作『神秘哲学』でも繰り返し実存の問題に取り組み（全集第一巻所収）、人が神や信仰、愛などの真理へと人生を賭して辿り着こうとする態度をこの語で表現する。この主体的関心が一貫したものであることは『コーランを読む』からの一節からも窺える。

人間が実存的、体験的に了解している自分の存在の地平ですね、そういうものを「世界」という。そういう世界が現出してくる源泉としての根源的意味聯関が人間の下意識の薄暗いところにひそんでいて、それがいちいちの発話に出てくるのです。（全集第七巻、二九七―二九八頁）

ここで井筒が「世界が現出してくる源泉としての根源的意味聯関」と呼ぶのは、下意識において意味を成り立たせ、「世界」を成り立たせる働きである。これを「言語アラヤ識」とも呼ぶ（本書第四章）。ここに無数の意味の可能体が潜むという。「深み」とか「薄暗い」と比喩的に語られるのは、下意識がそうたやすく意識化できる領域ではないからだ。とはいえ、下意識は無意識と異なり、そこに萌芽として潜む意味の可能性を意識化へもたらすことは不可能ではない。井筒は、異文化であろうと自文化であろうと、主体としての自己や他者に立ち現れる「世界」を、その個別性・固有性を保持したまま理解しようとする。他者を他者として表層的、客観的に理解するのではなく、その他者の視点から主体的に理解しようとするのだ。ある文化や世界観の個別性・固有性を成すのは、言語外の環境だけではなく、下意識にある意味の萌芽の働きである。

言葉は全て過去の膨大な意味の蓄積をもつ。それは古代言語だけでなく日常言語も同じである。そのため一つ一つの発話（パロール）も、それが過去に発話された具体的状況から捉え直す必要がある。英語やドイツ語などと同じく、アラビア語でも日常的に「神」という語を口にする。現代でも敬虔な人は、「いただきます」の意味で「ビスミッラー」（bi-ism^{i} Allāh^{i}）と言う。これは「アッラーの御名において」を意味し、何か行うときにこの言葉を発言してから取りかかる。「ごちそうさま」は「アルハムドゥリッラー」（al-ḥamd^{u} li-Allāh^{i}）といい、「アッラーは讃えられてあれ」（直訳するなら「称讃は神に属する」）を意味する。これは日本語の「ありがとう」の意味での「おかげさまで」

を考えると理解しやすいかもしれない。なぜなら、「おかげさまで」は、自分の良い現状や成功が、自分に由来するのではなく他者に依存して（誰かのおかげ）で可能になったことを表現するからだ。アラビア語の方の会話では料理をした人へ、文字通りの感謝の言葉を伝えることで、神に感謝することになる。井筒が訳したクルアーンの第一章の二文を発音と併せて読んでみよう。

> 慈悲ふかく慈愛あまねきアッラーの御名において
> bi-ism^{i} Allāh^{i} al-raḥmān al-raḥīm(i)　ビスミッラーヒ・ッラフマーニ・ッラヒーム
> 讃えあれ、アッラー、万世の主
> al-ḥamd^{u} li-Allāh^{i} rabb^{i} al-ʿālamīn(a)　アルハムドゥリッラーヒ・ラッビ・ル・アーラミーン

一つめの文は、何かを行うときに発言する言葉なので、クルアーンの各章の冒頭で必ず唱えられる。正確には、この引用では二つめの文がクルアーン第一章の第一行に当たる。ここで「アッラー」（Allāh）は文字通り「神」を意味する。井筒は、「神」のような基本的な語ですら、そのまま日本語で「神」と置き換えるだけでは不正確な理解になるという。それを避けるには、具体的な意味がその発話によって成立する状況を捉えねばならない。具体的な発話の現場では、辞書で規定されるような一般的な意味が、生きた意味に転じるからだ（『コーランを読む』全集第七巻、三〇五頁）。

この二文が具体的に発話される現場を観察してみよう。アラビア語において「アッラー」は、

「万世の主」「慈悲」「厳格」「御名」「称讃」などと必然的に連関する。「アッラー」が中心的意味でありながら、それぞれが「アッラー」を表現する。つまり、「アッラー」という語は、それぞれ下意識においてこれらの意味と互いに連合し、その意味連関から構成される。井筒は意味の生成がこのようにダイナミックに関連する動的なものとして捉えた。それにもかかわらず、語を語に対応させて「アッラー」を文字通りに日本語の「神」と訳すと、元々ある語彙の繋がりが失われる。そのため字義的翻訳では、本来の意味構成が全く反映されない。

「御名」も同様であり、次のような意味の連関を構成する。「アッラーの御名において」は「アッラーという名」と理解するだけでは実は意味をなさない。クルアーンでは九九の神名が登場するが、本来、神には無限の名があるとされる。それら無限にある神名は神の性質を表し、「慈悲」に代表されるような優しい性質の系統か、「厳格」に代表されるような恐ろしい性質の系統に分かれる。アッラーはそのなかで両系統を集約する最大の名である。したがって「慈悲ふかく慈愛あまねきアッラーの御名において」の「慈悲ふかい」も「慈愛あまねく」も優しさを表す神名の系統だということがわかる。ただし「慈悲」(raḥmān) は差別なく与えられる無償の慈悲であるが、「慈愛」(raḥīm) は法の遵守や敬虔さの度合いに応じて与えられるという違いがある。

二文めの「讃えあれ」はよく登場する言葉だが、この一文を発話する者による祈願や命令ではない。例えば、目の前に美しい花があり、それを美しいと褒めることは神を讃えることと同じになる。人が何を褒めようとも、それはすべて神を讃えることになるのだ。したがって、万物はみな存在の仕方、あるいは世界の形式によって神を讃える。

このようにして井筒はクルアーンの啓示を受容した人々の「存在の地平」あるいは実存のあり方を『コーランを読む』で語り出していく。ここまで読めば、単語を単語に置き換える翻訳は理解を歪めることが分かるだろう。井筒はそれを避けるために、まず単語が用いられている文章を参照する。つまり、語彙の次元ではなく言説《ディスクール》（まとまりをもつ文の集合）の次元へと開き、言説のなかで意味がどう連関するのかをつぶさに記述する。意味連関がどのような性質をもつのかを先に見ておこう。

3　和歌の織り成す意味連関《マンダラ》

単語が例えばクルアーンや詩歌といった文章の中でどの語と結びつくかを観察し、それを描出することで、その語の意味の構成を浮き彫りにする。その意味の構成は日常的には意識されず、下意識から規定される。言語を習得する発達過程で、意識の底に意味の方向性を規定する意味連関（領域）が構築され、語の適用範囲が定まり、語の連想（連合）が潜在化（下意識化）する（『言語と呪術』一三一頁）[6]。下意識は無意識と異なり、意識の深層にありながらも状況や必要の度合いに応じて意識することができる。同様の仕方で、下意識における意味の連関も自覚できる。それは、和歌の世界で応用されてきた技法でもある。井筒は連歌（上の句と下の句を複数の人で詠みあう和歌の形式）における下意識の働きについて次のように述べる。

連歌の出来ていく過程を見ていると完全にでき上がった意味ばかりじゃなくて、半分出来かけた意味みたいなものが、一座の人たちの間主観的意識の底にあって、それが不思議な連鎖の流動体をなして働いている有様がよくわかる。といっても、決して日本の連歌、継句だけに特有な事態なのではありません。いつでもどこでも、人間の言語があるかぎり、その意味構造はそうしたものなのです。

（『コーランを読む』全集第七巻、二九五―二九六頁）

意識のなかで意味になりきっていないイマージュが、言葉で表現されることで、連歌の場に集う人々に意識され、そのイマージュが普段から共有されていることが改めて自覚されるという。この様子を実感するために、実際に連歌の着想の源となった短歌を読んでみよう。井筒は『意識と本質』で和歌の本質論を展開するなかで（本書第四章）、『伊勢物語』や『古今和歌集』『新古今和歌集』に触れる。晩年の井筒は、『古今和歌集』や『新古今和歌集』の意味論的分析の構想を抱いていたと述懐するが、それは叶わなかった（「二十世紀末の闇と光」全集十巻、六三五頁）。そこで『新古今和歌集』の短歌を題材にして、このイマージュ喚起の仕組みを詳述しつつ、井筒の手法の有効性を試してみよう。

『新古今和歌集』巻第一「春歌上」は、まだ雪の残る立春から始まり、梅の香り、桜を待ちわびるころ、山に雲がかかるように桜が咲くころまでを歌う。「春歌下」は九九番から始まり、満開の桜から、風に散るのを惜しむ時期へ移り、藤の花の咲く季節を迎え、春を懐かしみながら初夏の訪れる直前、一七四番の歌で終わる。ここで引用する一一一番から一一四番までの四歌は、巻第二「春歌下」の冒頭に位置する。[7]

一一一　花の香《か》に衣《ころも》は深くなりにけり木《こ》の下陰《したかげ》の風のまにまに（紀貫之）
一一二　風通《かよ》ふ寝覚《ねざめ》の袖《そで》の花の香《か》にかをる枕《まくら》の春の夜《よ》の夢（俊成女）
一一三　このほどは知るも知らぬもたまぼこのゆき交ふ袖は花の香《か》ぞする（藤原家隆）
一一四　またや見ん交野《かたの》のみ野《の》の桜狩《さくらがり》花の雪散る春のあけぼの（藤原俊成）

藤原俊成女《としなりのむすめ》（一一七一頃―一二五一以後）による歌は、『新古今和歌集』の「主導音」である「妖艶」を代表する。[8] この歌は元々、史上最大の歌合「千五百番歌合」（一二〇一／二―〇三年に成立）で詠まれた歌であり、その際には「花」が「梅」を指していたとされる。ところが、『新古今和歌集』の中に配置され別の歌と並んで季節の移り変わりを表す文脈を成すと、一一四番の「桜」を詠む歌との相互関係から、「花」は一義的に「桜」を意味するようになる。いかなる花を示すこともできた「花」という語は、特定の文脈に置かれることで、その意味を「梅」や「桜」などへ具体化・個別化する。私たちはここに、文の配置という連関によって意味が構成される瞬間を見ることができる。

このように語がもつ意味を決定する要素を、井筒は「属音」(dominant note)や「キー・ノート」、「ライトモチーフ」と呼ぶ。[9]『言語と呪術』の頃の井筒であれば、詩歌であろうと日常生活の会話であろうと、こういった具体的文脈・状況によって、記憶に蓄えられている可能的な意味(一般観念)が、生命の場である具体的文脈・状況へと下降(あるいは上昇)し意味が確定される、と言うだろう。

これら四つの歌がつくる意味の連関をさらに辿ろう。一一一番から一一二番へ、「花の香」「風」「衣(袖)」の鍵言葉がイマージュを連鎖させる。衣服の香りが花の香りで深まり(一一一番)、それが現実の花の香りなのか衣服に薫習《くんじゅう》した香《こう》の匂いなのか、夢なのか(一一二番)、ここでは定かではない。第四章で論じる井筒の「眺め」の理解からすると、その意味が限定されないことで、香りを何の香りとして規定する言語作用が緩み、そうすることで存在の深み(ここでは香りの本体)を感得できる。このことを井筒は「気づく」(一九八九年)と題された文章で次のように述べる。存在の深みを探ることは、日常の言語的な「本質規定」(経験を「これはXである」と言葉で規定すること)によって、意識からは隠れてしまっている存在の側面(二五七番では秋になっていると実感していなかったのに、風という具体によって意識に「秋」が現れる)を探究し、活性化されていなかった意味構成を現実化することだ、と。このように「気づき」を繰り返し、現実の襞に分け入るとともに、意味の深みで連関を生き直すことを井筒は「実存的深化」と呼ぶ(全集第九巻、二九〇頁)。

一一二番から一一三番へは、同じく「袖」と「花の香」が、一一三番から一一四番へは「ゆき交ふ」と「交野」の「交」が同じ単語とイマージュで繋がる。これは言葉の意味よりも音声が重視されている部分であり、聴覚的イマージュの連合である。一一三番から一一四番への（意味とは無関係な）音声上の連鎖は、一一三番における「ゆき交ふ」の「ゆき」と一一四番における「雪散る」の「雪」でも確認できる。さらに、時の移りゆき（時間の連続性）については、一一一番では具体的な時間を意識できないが、一一二番で「寝覚《ねざめ》」で始まった歌が、朝ではなく夜にふと目覚めたのであることが末尾で示される。風のそよぎと花の匂いで夢からふと目覚め、夢とうつつとを行き来する心が描かれる。そこから人々が往来する（一一三番）朝方へと時間が移る（一一四番）。花の香りを漂わせながら人々の行き交う時間帯が早朝であると理解させるのはこの配列による。

　井筒の理論にしたがって和歌や連歌など日本の古典を分析すると、言葉の意味と音の連合によって、意味がずれながら、そこに描き出される情景もそしてそれが変容するさまも、まざまざと感じとることができる。歌集は、下意識におけるイマージュの流れを言語化するように編集される。それは、最初の勅撰和歌集『古今和歌集』から一貫し、その極致が『新古今和歌集』である。[10] 短歌よりさらに短い語句を連ねて即興でいわば「歌集」を編んでいくような連歌の下地をそこに見ることができる。[11] 井筒はそのような下意識の自覚化として短歌や連歌を見る。歌人らの下意識で「花」「香」「衣」「袖」「枕」「夢」などが構成する「妖艶」のイマージュは、歌人らによる言語化（短歌や歌集）によって、同じ前提を共有する者の意識に日頃は意識されない「機微」として想起される。

　現代の私たちは、中世の作品を理解するために、異文化を理解するようにその言語慣用を調べる。貴族は早朝に朝廷に向かう。桜狩りを楽しむ。彼らは衣に香を薫《た》きしめる。花といえば桜であり、花の香《か》（梅でも橘でもいい）は、想い人や過去を想起させる。平安時代の和歌では、言葉の音と意味の連想を重要視する。こういった当時の日常を私たちは古典の授業で習う。その点では、外国語の語彙やその国の習慣を学ぶようなものだ。井筒の理論が極めて有効なのは、それによって歌を共有する者たちの意識を具体的に言語化するからだ。歌の中で成立しているイマージュ連鎖は、それを詠む者たちの間で「共有基盤」となり、今度は逆に意識から下意識へと戻され、暗黙の前提として蓄積される。私たちはその読解の積み重ねによって、歌の作者や解釈者らと同じようにイマージュを想起できるようになるかもしれない。下意識に移される「共有基盤」の記述や把握こそが、井筒の目指した異文化の真の理解の原型だった。これを井筒は意味連関の描出として実践した。

4　クルアーンの意味世界

このように井筒の意味論分析は、クルアーンから『新古今和歌集』に至るまで様々なテクストに応用可能だ。このことは、一九九〇年の「意味論序説」（全集第一〇巻所収）からも明らかである。意味構成が言語文化ごとに異なるのは、例えば古代日本の場合は中国文化の影響から「花」が「梅」を指すようになり、特有のイマージュを形成したためである。時代が変わるにつれてイマージュそのものやその連鎖も変化した。「花」は「桜」を意味するようになり、春の夜の夢の幻想の中に舞う桜から、さらには桜を眺め、それに包まれて世を去る希求を直接に連想させる言葉になった。ペルシア語の「花」(gol) は古典から現在まで薔薇の花を意味する。

　こういった文化に固有の意味は、言語学的な意味研究の対象である。井筒がクルアーンのアラビア語を分析した一九五〇年代には、道徳・倫理学的な価値をもつ語彙の分析が欧米を中心とする言語哲学や人類学の中心課題の一つであった。井筒はその知見を批判的に援用しながら、そこにアラビア語の意味構成や意味の変遷を記述する言語学的な手法と関心をたずさえて参加した。

　例えば、ムハンマドの啓示以前（アラビア語で「ジャーヒリーヤ時代」という）、「怖れ」(taqwā) は自分に害を加えうる何かをすばやく察知して、自己防御する態度を意味した。それは、不屈不羈《ふくつふき》であることを高貴さ (karīm) とするジャーヒリーヤ時代では臆病や下賤に類する概念だった（『クルアーンにおける神と人間』五二頁）。ジャーヒリーヤ時代の詩歌とクルアーンにおける「怖れ」を比較すると次のことが明確化する。ムハンマドに啓示が下るまでは「怖れ」に宗教的含意はなく、危険な対象に対する情動を表示した。当時のアラブ人の思い浮かべる神のイマージュに、「外から己を滅ぼさんとやって来る」ような「恐ろしさ」は含まれていなかった。「怖れ」を中心に形成される「神」の観念は、ムハンマドの同時代人にとって異質であった。それまでの多神的な世界観では、神は人に対しより近く、いわば相対的な存在であったからだ。

　怖れを知らぬ強さこそ高貴さ、アラブ人らしさを示したジャーヒリーヤ時代に「怖れ」という語は世界観を構成する重要性をもたない日常語であった。ところが、ムハンマドは、神が人を滅亡させる力をもった恐ろしい存在として描いた。その力に抗うすべはなく、「絶対無条件」で帰順することが「イスラーム（「絶対的帰依」）」である、と説いた。この新たな世界観の文脈では、厳格で公正な裁き手としての絶対的な神の前で人は、与えられた法に則り絶対的に真摯に敬虔に生きるほかなく、その意志に背いた行為をすれば、容赦なく死後に永遠の罰を与えられる。それを怖れれば怖れるほど、神の意志とその法に即応して敬虔に生き、来世という永遠の生において救われる。「怖れ」は信仰の中心概念になり、「神」「終末」「救済」「信仰」「怖れ」「敬虔さ」などと連関してその宗教的世界観を構築する。

この観念が受容される経緯を、イスラームの成立過程とあわせて簡潔にまとめよう。語の使用状況を描くことが井筒意味論の基本だからだ。イスラーム成立以前、アラビア半島の大都市マッカは、クライシュ族という部族が支配権を握り、その他の部族を緩やかに束ねていた。西暦六一〇年頃、およそ四〇歳のムハンマドが神から宣託を被り、部族に啓示を伝え始めたところ、その教えが神の前での平等を説き、部族主義的な価値観を否定する内容であったことから、猛反発が起きた。だがムハンマドの布教は成功を収め、クライシュ族は六三〇年、ムハンマドの軍勢を前にマッカを無血開城した。これによってムハンマドの生前に、イスラーム共同体はアラビア半島を統一した。[12]

イスラーム共同体によるアラビア半島の統一は、信仰を共有する巨大組織の誕生を意味する。アラビア語話者から成るこの共同体がムハンマドによる新たな諸観念を承認したことで、彼らの意識の中で「アッラー」という語のイマージュが「怖れ」を中心に形成されることになった（同、三三六頁）。それはクルアーンが、世界に終末をもたらし、不信心な者に罰を与える恐ろしい「審判の日の主」のイマージュを描く文脈に「アッラー」の語を繰り返し置くことで達成された。ちょうど、平安時代に桜を主題にする文脈に繰り返し「花」の語が置かれ、さらに「香」「衣」「袖」「枕」「夢」などが「花」の語を中心に配されることで、連関的な意味が構成されたように、である。

ここに、人間の目から見て高貴であるか下賤であるかを判断する価値観や、部族といった限定された共同体の内部でのみ通用する意味連関ではなく、部族を超えて共有可能な普遍宗教の信仰が成立した。とりわけ、唯一の神の前にただ独り坐してその法に従い真摯に生き、その公正な裁きを独り待つことを最も尊く善い態度とする価値観が、部族を超えて共有される点が重要である。なぜなら、世界観や価値観の変容が、精神的かつ身体的な態度の変容を引き起こしたことを意味するからだ。「怖れ」が身体的な危機への反応から、終末論的で精神的な危機への反応へと意味を変えたことになる（『クルアーンにおける神と人間』三四〇頁）。

このように考えるなら、アラビア語の「アッラー」を日本語の「神」と訳すと、その途端にアラビア語とは異なるイマージュが形成されることが分かるだろう。日本語の「神」は「怖れ」を中心とするイマージュを形成しないであろうし、「アッラー」のもう一面である「慈悲」は、日本語では「神」よりも「菩薩」を形容するだろう。異なる言語文化間で、語とイマージュがこのように異なることは、話者の意識に上らない意味のイマージュを意識化することで明らかになる。その明晰化の手法として井筒が採用するのが「意味論的解釈学」だ。この操作は、原語を別の単語に置き換える翻訳によってではなく、「語」の意味要素（慈悲、恐れ、感謝など）が関連語として結びつく様子を、原典の中の文脈において観察し記述する。すなわち言説へ開くことで、その意味構成を説明しようとする。例えば井筒は『クルアーンにおける神と人間』では倫理的な意味と連関する観念である「アッラー」の意味連関を次のように不可欠な語彙のみを用いて言表する。

倫理的連関——神の概念そのもののうちに区分ける二つの違う側面——一方に神の限りなき善性、神の慈しみ、神が罪を容赦すること、神の情け深さが配され、他方に、神の怒り、容赦なさ、厳格さ、揺るがぬ正義が配される——のあいだにある、最も根本的な対比、にこの連関は基づく。この神の側の根本的対比に応じて、人間の側にも、「感謝の念を抱く」態度（シュクル、shukr）と「神を畏れる」態度（タクワー、taqwá）のあいだの根本的な対比が起こる。

（一〇〇頁）

このような新しい連関あるいは文脈に既存の語が置かれた結果、「アッラー」「怖れ」「慈悲」などの意味構成が互いに連動しつつ、繰り返し使用される中で微妙に変容しながら、徐々に社会的に共有される基盤へと定着する。特定の意味構成がいちど共有基盤となれば、その言語の話者は意味構成をそのつど意識化せず下意識に留めたままでも、「アッラー」の語から適切にイマージュを形成できる。このような語り直しを通じ、異文化の意味構成をその固有性や独自性のまま描出することができれば、異なる文化やその文化に生きる人々の信念体系を深く理解できるはずだ。これが井筒の「意味論的解釈学」の真の企図である。

5　存在の夜の黎明

井筒は『言語と呪術』（五五頁）や『コーランを読む』（全集第七巻、四七三頁）などでクルアーンの「黎明の章」を引く。ここで絶対神は、イスラーム生誕前夜の人間的で陰湿な世界を切り裂き打ち払い、救いをもたらす光として描き出される。すなわち、怒り、容赦なさ、厳格さのほかに限りない慈悲と恩寵の主としての側面が示される。例えば、前述した「怖れ」における価値と意味の転換を知らなければ、ここに前提される対比を私たちは見過ごすことになるだろう。井筒が繰り返しこのような章句を例示するのは、これによってジャーヒリーヤ時代の血統主義的であり情動を中心とする価値観が、法に従い倫理的であることでのみ人の価値が決まる価値観と対比されるからである。

言え、「お縋り申す、黎明の主に、
その創り給える悪を逃れて、
深々と更《ふけ》わたる夜の闇の悪を逃れて。
結び目に息吹《いきふ》きかける老婆らの悪を逃れて、
妬み男の妬み心の悪を逃れて。」

（クルアーン第一一三章）

四節目の「結び目に息吹きかける」は、古代アラビアに限らず、日本にも見られる呪いの技法である。[13] 嫉妬や恨み、憎しみなど悪しき感情を抱いて誰かを呪うことが陰湿な夜の世界と表現されており、「妬み男」の心の闇とが重なる。自然という客観と心という主観とが重なることから、井筒がこの暗い存在感覚を「存在の夜」と呼ぶことは第一章ですでに述べた。だが、ここではさらに闇たる悪からの救いを求める「魂の叫び」、いわば実存的な祈りが宗教を成立させるさまが描かれている。救いを求めることで、悪意の満ちる「夜の闇」すなわち「実存の暗闇」に、神による救済が「黎明」として差し込む。『コーランを読む』は、この暗い情念の渦巻く「存在の夜」の中で救いを求めるならば、「神に呼びかけよ」（qul）と天使が語りかける場面を取り上げる。

〔「黎明」を意味するアラビア語の〕falaq はもともと「割る、裂く」という意味のコトバ。闇が割れて暁の清々しい光がさし初《そ》める。明るい世界の開幕を暗示する、アラビア語では不思議な魅力のあるコトバなのです。いま世界は闇のさなかだけど、それにパッと裂け目ができて、そこから一条の光がさしこんでくる。その一条のさし初める光を支配する者が神なのです。「私は黎明の主にお縋りします」と唱えよ。〔「言え」を意味するアラビア語で〕qul と天使がムハンマドに命令するのです。

（全集第七巻、四七一頁）

不信仰者は闇の中に生きる。彼らに「光を降り注ぐアッラー」というイマージュがクルアーン第二四章第四〇節の至るところに現れる。井筒は啓示に、救済の光としての神の言葉《ウェルブム》（Verbum）が、人間の精神を変容するという宗教的な言語観を見出す。[14] この井筒の言語観を特徴づける「存在の夜」は、『神秘哲学』では古代ギリシア人の暗い精神の夜を表す「霊魂の暗夜」という表現に対応している（全集第二巻、一九頁、二三七頁）。「霊魂の暗夜」はフランス人のポール・クローデル（一八六八—一九五五）やスペイン人のグスタボ・アドルフォ・ベッケル（一八三六—七〇）の詩に登場する。一九五三年に刊行した『ロシア的人間』でも言及される。この語はライトモチーフであることを示唆するように、井筒のその後の思索の重要な場面で、見え隠れする心の闇を表す表現として用いられている。

『ロシア的人間』で井筒は、フョードル・ドストエフスキー（一八二一—八一）の最後の長編小説『カラマーゾフの兄弟』で争い合う三兄弟を仲裁する高僧ゾシマの心の変容を指摘する。若き日のゾシマは、原罪や罪深さの観念を意味も分からず耳にし、ただそれが「不思議な力をもって彼の心に沁み込み、深い無意識の記憶」として胸に刻まれるのを経験した。荒んだ気持ちで眠れぬ夜を過ごし、今まさに日の出を迎えようとした時、その観念は明晰な意味の理解に転じる。外界で暁が差し染める記述が、そのまま精神の「黎明」に重なる。

すると、その瞬間に、彼の心の奥底にも何か不思議な気持が動き始める。ほのぼのと明けようとする自然の黎明が、今まさに明け渡ろうとする霊魂の黎明と間髪を容れずぴたりと一致する幽邃《ゆうすい》な象徴的瞬間だ。東方の地平線を白々と照らして、今、太陽が昇って来る、それと同時に、霊魂の暗夜にも、霊魂の太陽が昇ろうとしているのだ。内と外とが重なって二重映しになるこの霊的な風景を描く時、ドストイェフスキーの筆もまた象徴性の絶頂に達する。

（全集第三巻、五三四頁）

これは、罪の意識が、意味として成立する以前の曖昧な観念から、概念化された言葉に変貌する瞬間である。井筒によれば、ここでドストエフスキーは主観と客観、つまり内（心）と外（自然）が「二重映しになる」体験を描く。地平線や太陽といった心の外の風景は、変容した心が見る世界を示す。ゾシマは「万物はあたかも大海のごとく、全てが流動し相接触していて、その一点に触れれば直ちに世界の他の端まで反響して行く」と、全てが全てに負うことの自覚として「罪」の明晰な観念を得る（同、五三三頁）。

井筒は「罪」の観念が明瞭になる体験を、自我の底をつき破り、自我が死にきる（無になりきる）体験と言い換える（同、五三一頁）。「自我の底」に自分自身を超えたあらゆる存在への依存を自覚することが、ゾシマの捉えた「罪」の意味であり、それは「霊魂の暗夜」に黎明の差し染める風光として描き出されるのだ。これは『意識と本質』で井筒が中国の僧侶、無門慧開《むもんえかい》（一一八三―一二六〇）の著作『無門関』（一二二八年）の一節を次のように解釈するのに対応する。

長《とこし》えに憶《おも》う江南三月の裏《うち》
鷓鴣《しゃこ》啼《な》く処百花香《かぐわ》し
いつも憶い出すのは、江南の三月の春に、
鷓鴣の鳴き声が響き、百花繚乱として芳しい香りに満ちる風光である
(『無門関』第二四則／全集第六巻、一六〇―一六一頁)

言葉には限界があるため、真実は通じない、沈黙しても伝わらないなら、どうすべきかと問われた時の答えとして歌われた詩である。南中国の春に、シャコ(中国南部などの亜熱帯から熱帯に生息するキジ科の鳥類)が鳴き、無数の花々が咲き乱れ香り豊かな風光を常に回想することが、どうして真実を伝えることになるのだろう。井筒は、この詩が下意識の自然表象、つまり万物が互いに依存し、それぞれを成り立たせる「真実」を描くからだと解釈する。

それはちょうど、ゾシマが「罪」の観念を理解したことで、全世界を覆う愛を自覚し、小鳥たちにさえ歓喜と赦しを祈るのに対応する。万物はみな存在することで神を讃えるので、人間が何を褒めても全て神への祈りになるのは、クルアーンでも同様である。ドストエフスキーの描くロシア的世界とクルアーン的世界には、全てが全てに依存するという共通の世界観があることを井筒は見出す(全集第七巻、三二〇頁)。これは、言葉が心の暗夜に光を当てるという井筒の言語観そのものでも

ある。その題材がイスラーム哲学であれ、ギリシア哲学であれ、井筒の真の目的は、存在の闇に差し染めるこのような光としての言語の追究であった。

内なる外部性

夜が明ける自然の運行、鳥や花、宇宙を構成する個々の事物事象は、いかに微々たるものでも全てが固有性という意味で「かけがえのなさ」をもち、全宇宙にその価値を加えている。自分とは自分以外の一切という無限性との対比で消極的に規定されるだろう。自己であるとは、その他の一切ではないということであるから、ここに相互規定が働く。現実に置き換え不可能な個物の個性（自己）は、無限と対比された有限でありながら、相互に異なるという点で積極的な原理となる。自己の自覚は相互依存や有限の自覚であるがゆえに、未完や不確実、欠如の自覚でもあるため、自己以外という完全なるものとして、自己の完成を「外」に求める。一切が完成を求めるということは、一切が一切を求めると言えるだろう。自覚という内向きの精神的働きが、自己の完成のために、外に向かい、あらゆる存在に向かう。

この自覚によって、精神の内と外が重なり合い、万有が依存し合い、共振し、共生する世界が成立する。目の前に立ち現れる個物の経験は、魂の深淵において精神化された姿となって立ち現れる。こうして、ゾシマの真の「意味の理解」に伴う歓喜も、『無門関』の言語では掬いきれない万物の共振や共生の自覚も、精神の内と外の重なり合いにおいて、自分以外の一切という無限性として立ち現れる。言語行為に隠れて、このような働きが作用するのを井筒は暴こうとする。「意味を理解する」とは、通常、情報伝達という言語行為を指す。井筒がロシア文学やクルアーンの中に見出すのは、情報伝達とは全く異なる、「内なる外部性」を照らすような言語体験である。それが、「啓示」の言語であった。ドストエフスキーは、言葉の深層の意味が心の闇に光をもたらすことを描いた。井筒はそのような言語体験を、自己の内側から圧倒的な力に突き動かされて、それまで気づいていなかった観念や言葉の意味が浮かび上がる体験と理解する。『ロシア的人間』の前身である『露西亜文学』（一九五一年）とほぼ同時に、井筒がクルアーンの翻訳を開始したのには必然的な繋がりがあった。井筒は「啓示」を重視した。それは忘我状態で「異常なヴィジョン」や「異常なコトバ」を受けとり、それを他の人間に伝えよという抗いえない命令に身をゆだねることである。預言者自身や周囲の者たちは、このような働きかけに「外部性」を体感する。ブハーリーの『正伝集』第一巻を参照して『コーランを読む』は次のように説明する。

時によると、啓示はベルの音のように私のところにやってくる。この形式の啓示がいちばん苦しい。だが、やがてそのベルの音が止み、フッと気がついてみると、それがコトバになって意識に残っている。……しかし、時とすると、天使が人間の姿で現われてきて、私に話しかけることがある。この場合は直接コトバの意味がわかる。

（全集第七巻、六一八―六一九頁）

預言の特徴として重要なのは、自分の意志では制御できない力によって「異常なコトバを口走る」点だ。この感覚は、自分ではないもの、自分にとって外なるもの、つまり「外部性」の意識として与えられる。ムハンマドの表現では、啓示は「ベルの音」や人間の姿をした「天使」が話す内容として顕れ、それは意識が正常に戻った後に理解可能な言葉となる。外部からの働きかけが内部から湧き起こるような、主客が混淆する言語体験である。井筒はこの外部性の体験を次のように表す。

> 自分の内部からではなく、自分の外からくる不思議な力にとらえられて、意識がふだんとは違った次元で働き出す。日常的な次元でないところで意識が異常な働きを始める。思いもかけないコトバを預言者は語りだす。……この場合、外から働きかけてくる霊的エネルギーが神のコトバだというところに特徴があり、預言者はそれを自分ではっきり意識している。
>
> （同、五八九―五九〇頁）

聴覚的・視覚的なイマージュが自分の内部から湧き上がってくるとしても、自分でコントロールできないなら、それはもはや「内なる外」から命令が発せられるようなものだ。井筒は「神のコトバ」の体験には、この「外部性」ともう一つ、自分以外には見えも聞こえもしない「超感覚性」の二つの特徴があると考える。そうであるならば、言語化される前の意味が可能態としてある下意識とは、「超感覚性」や「外部性」と捉えることもできるだろう。下意識に留まる言葉が、われならぬ声、内なる外部性の言語現象として考察できるなら、それはまさに心の内と外とが二重映しとなるゾシマの言語体験そのものである。この外部性と超感覚性は、啓示に留まるものではなく、人間の言語活動に見出されるものと言えるのではないだろうか。

6　ソシュールとベルクソン
——パロール－コトバ－suppositio

現代の日本人にとっても、異界の何かが空から降臨するという想像は、心に思い描きうるのではないだろうか。第一章で言及した預言者ムハンマドの専属詩人ハッサーン・イブン・サービトは、詩的言語が閃くことを、比喩ではなく韻律が天から地へと垂直に降りてくる体験として詩で表現する。次の一節は井筒による翻訳である。

ぬばたまの夜の闇をぬって
　重いひびきを立てながら、遠い
大空の彼方から落ちて来る韻律を
　そも幾たびかこの心に受けたことか

（「イスラームとは何か」全集第五巻、三三五—三三六頁）

この詩人は、アラビア半島の都市マディーナ出身のアラブ人であり、ムハンマドが六二二年にマディーナに移住したときにイスラームに改宗した。ムハンマドやイスラームを称揚する詩を残したことで名高く、詩の中で初めてクルアーンを引用したことでも知られる。詩でも預言でも、異次元的な言葉の現れを、井筒は垂直に「降りる」動きで捉える。井筒の「言語現象としての「啓示」」は、啓示を上から下へと降りてくる垂直的なコミュニケーションとして論じる。

それに対し、日常的な言語による対話は、対話者（A）と対話者（B）の間で、記号システムが両者に共有されていることが前提となる。井筒は、現代言語学の創始者フェルディナン・ド・ソシュール（一八五七―一九一三）による「パロール」の概念を用いてこれを説明する。[15] 発語《パロール》は、ある個人によって具体的な状況で発された言葉を意味する。言語記号の体系（ラング）を基盤として共有するAとBの間では、言語記号が滞りなく行き交い、コミュニケーションが成立する。井筒は啓示現象と日常の言語的コミュニケーションとを次のように区別する。

> 正規の言語的コミュニケーションは、AとBとが人間である時、しかも両方が同一の存在レベルで水平関係に立っている時にのみ、成立するのである。パロール成立のこの基本的条件は、「啓示」の場合、全然、充たされない。Aは神、Bは人間。……イスラーム的世界像においては、神は「不可視界」、人は「可視界」にあり、両者は互いに存在レベルを完全に異にする。従って、人間にたいする神の語りかけは、この世界像の図式では上から下へ、であり、垂直的

である。「啓示」のパロール現象を、『コーラン』は「タンジール」(tanzil)という術語で表現する。「タンジール」とは文字どおり、何かを上から下に向かって降ろすことなのである。パロールとしての「啓示」の異常性は、これによっても明らかであろう。

(「言語現象としての「啓示」」全集第一〇巻、一五二—一五三頁)

非日常的な言語現象である「神の語りかけ」は、神(天)から地上へと垂直の方向へ降《くだ》されるのに対し、日常的な発語では、話し手と聞き手が平等の関係、つまり水平関係にある。神と人の間ではパロールもラングも共有されず、対話を水平関係として意識することはできない。垂直的な関係とは、超言語的、超次元的な関係であり、それは垂直的な言語行為も同様である。だが、和歌の歌人やゾシマが体験したように、言語の日常性を突き破る「超感覚性」や「外部性」は、啓示という宗教的な言語現象に限られるのではなく、日常の言語行為においても生きられるべきだと井筒は考えたのではなかったか。

日常的には顕わにならない下意識から、言葉が現れるとき、その言葉をその深みと共に把捉することで、初めて真に具体的な生きた意味が成立すると井筒は考える。それは、日常意識を超えて下意識あるいは記憶の彼方から語りかけてくる、超越的な言語現象とも言うことができるだろう。誰でも何かを語り、表現しようとするとき、心の奥底から自分にしか聞こえない言葉が意志とは無関係に押し寄せてくるような経験をしたことがあるだろう。それが、天からの語りかけとして経験されようと、心の奥底から浮上してくる言葉として体験されようと、言語論としてはそこには大きな違いはない。名状しがたき意味以前の意味を表現しようとするとき、それを表す言葉が浮かぶのを誰しも待つだろう。それは、言葉が自ら到来するかのような体験であるはずだ。

　ソシュールは、下意識のなかで意味がまだ定まらぬ不分明な状態である段階においても、ラングはすでに記憶のなかに潜在すると想定する。[16] つまり、下意識には、その社会的な記号体系が眠っているというのだ。ここまでの議論をこの視点から言い換えるならば、社会的な記号内容は、記憶のなかに潜在的に存在し、言語が使用される現場で顕在化する。このように顕在化された記号内容がパロールであり、それは具体的な個人において実現する。パロールは、話したり聞いたりする行為だけでなく、「これは花だ」と認識する行為や、言語的思考や対話も含む。

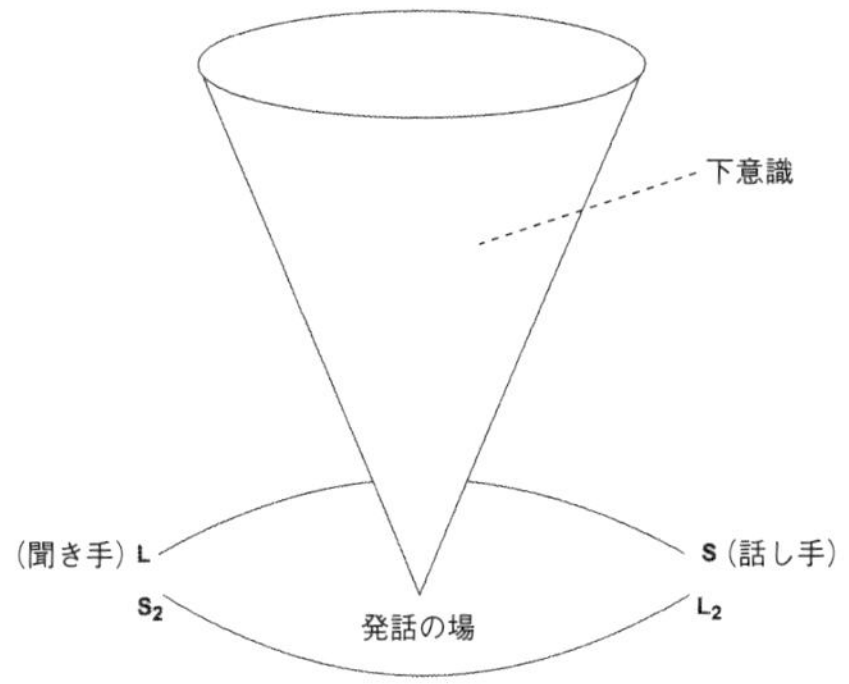

図1　代示 suppositio
無数の可能態としての意味の貯蔵庫である深層意識（底面）からいずれかの意味が発話の場（頂点）へ降りてくることを示す
村上博子氏「慶應義塾大学井筒俊彦教授「言語学概論」講義録」（慶應義塾大学言語文化研究所所蔵）の図を基に筆者作成

　井筒の一九五〇年代の講義「言語学概論」に学生として出席していた村上博子氏が書き留めたノートによれば、井筒は心の奥底から

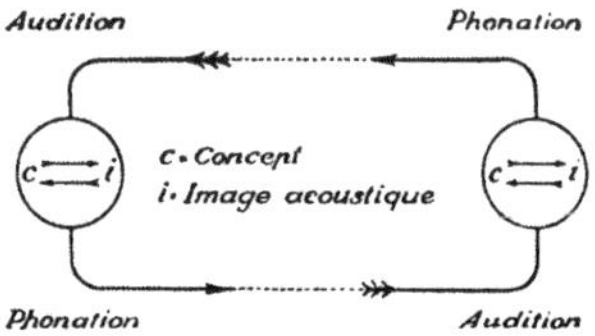

図2　ソシュールの「発話の回路」
発声と聴取が会話の循環を作り出し、心では概念と聴覚映像が結びつく

可能態としての意味（言葉）が浮上してくる体験を、言語単位が現実態になるプロセスとして説明したようだ。[17] それを図示したのが図1である。記号としての一般観念が具体的な状況で表出することをスコラ哲学の用語を用いて「代示」（suppositio）と呼ぶ。記憶の彼方からいずれかの意味に焦点が絞られ、それが発語されるとき、一般観念や言語一般は一つの語に集約され、特定の意味として限定されて表出される。それを井筒は「普遍者の自己限定」と名づける。言い換えれば、言葉が意識に浮上し、具体的な状況において一義性を獲得するのだ。このように一般的であった言葉が具体性を獲得することを、井筒は「代示（代表）」の概念が「生命の場に語が降りること」だと解釈する。現に生きられた状況に言葉が立ち現れるという表現から、井筒が行為者の主体性よりも言語の自己顕現に着目することが分かる。

ソシュールは対話を「発話《パロール》の回路」、つまり言葉の循環として捉えた（図2）。これに対し、井筒は話し手（S）と聞き手（L）のパロールの現場を、倒立した円錐で表現する。頂点は対話者が水平面に作る「円環」の中央に接する。この倒立した円錐が円環構造の中央に位置づけられることから、発話《パロール》とは間主観的に意味が成立する出来事であり、下意識を含む記憶の全体から意識へと言葉が降りる動きであると井筒は理解していたのは確実だ。

井筒のパロールとラングの理解に影響を与えたもう一人の思想家はアンリ・ベルクソン（一八五

九―一九四一）である。ベルクソンが『物質と記憶』で「知覚の現在」（円錐の頂点Sで表示）と呼ぶ瞬間が、井筒にとっての「発語の瞬間」に当たる。[18] ベルクソンはその瞬間が「分節されたパロール」（la parole articulée）であると述べる。ここでの分節とは、文法に則って語を並べること（連辞）や、言語形式に基づいて、音声や意味によって明晰な構造化が成立していることと理解できる。すなわち、発音が明瞭であり、語の意味が明晰である状態だ。ベルクソンは一般観念がそのように明晰な状態になるのは、それが知覚や発語の現場に降りて具体性を獲得する瞬間であることを示す。すなわち、一般観念が語と結びついて、その指示対象にあてがわれ、言葉が発せられる瞬間である。

ベルクソンも倒立した円錐で記憶全体を表す（図3）。一般観念が語と結びついていない段階では、円錐の底面（AとBが造る水平面）のいずれかに留まっている。頂点Sは発話《パロール》の瞬間として日常意識を示す。そこから一般観念が底面（AとB）が広がる方向に向かうにつれて、「記憶の彼方の果てしない深み」へと沈んでいく。ちょうど、池に石を投げ入れると、石が着水した一点から垂直に沈むにつれて水面に描き出される円環上の水紋が広がり、やがて消えていくように、一般観念も発語の瞬間には明確な音を立てるが、やがてその意味は記憶の中に姿を消してしまう。無論、必要があれば呼び覚

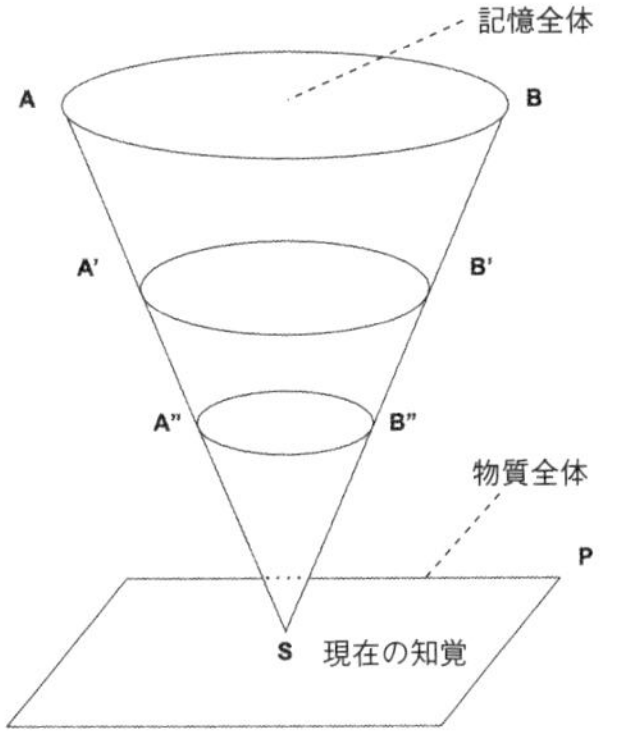

図3　ベルクソンの「記憶の円錐」

まされて、再び明確な音と意味と結びつく。

ベルクソンは同じ箇所で、一般観念が記憶に潜っていく様子を、無数（mille）のイマージュへと砕け散る（se briser）と記述する。フランス語でmilleは、文字通りには「千」（mille）を意味する。ちょうど井筒がイマージュの細分化を「千々に乱れ散る存在の分節」（全集第一〇巻、五一二頁）や「千々に分かれて発出」（全集第九巻、八八頁）すると表現するのを想起させる。またベルクソンは経験が記憶されることを、「知覚の現在」（円錐の頂点S）から底面（AとB）の奥へ奥へと「蒸散する／姿をくらます」（s'évaporer）と表現する。下意識に沈んでいた一般観念が発話《パロール》（頂点S）において語として現実化することを「結晶化する」（se cristalliser）と呼び、それら一般観念が円錐の間を「揺れ動く」（il oscile）と言う。[19] このような記述は、井筒が「文化と言語アラヤ識」（一九八四年）で意味の生成を描くときの表現と呼応する。

だが、実は、言語は、従って文化は、こうした社会制度的固定性によって特徴づけられる表層次元の下に、隠れた深層構造をもっている。そこでは、言語的意味は、流動的、浮動的な未定形性を示す。本源的な意味遊動の世界。何ものも、ここでは本質的に固定されてはいない。すべてが流れ、揺れている。……縺れ合い、絡み合う無数の「意味可能体」が、表層的「意味」の明るみに出ようとして、言語意識の薄暮のなかに相鬩《せめ》ぎ、相戯《たわむ》れる。「無名」が、いままさに「有名」に転じようとする微妙な中間地帯。無と有のあいだ、無分節と有分節との狭間《はざま》に、何かさだかならぬものの面影が仄かに揺らぐ。

（全集第八巻、一七二頁）

ベルクソンが記憶に沈む一般観念を「イマージュ」と呼ぶように、井筒もまた下意識に揺らぐ無数の意味を「面影」すなわちイマージュと呼ぶ。「隠れた深層構造」や「言語意識の薄暮」と井筒が表す暗い領域は下意識である。[20] この対比が重要なのは、ベルクソンの考える意味の出現が、ラング全体の収縮だという点である。たった一つの観念が明確になるにも、一般観念全体が関わる。ある語の意味が具体的な状況で代示される背景には、その語に結びつくその他の意味要素の存在がベルクソンでは常に意識できるよう図式化された。学生のノートからは、井筒がベルクソンを援用して「代示」を自己の言語思想に取り込もうとしたことが見て取れる。経験の瞬間、感覚データなり心の揺らぎが記憶に垂直に落ちていくと、その状況に適った意味が瞬く間に記憶の円錐を潜り抜け、言語の記憶全体を総動員して出現する。

記憶の彼方の深みに蓄積された様々な言葉が意識化され、意味が確定されて、言語行為が成り立つ。意味はそのようにして発語の瞬間に分節されなければ、言語記号の役割を果たすことができない。だが井筒は、この分節が社会的な固定性に縛られており、本来の可能性に開かれた状態が失われやすいことに自覚的だった。そのことは、井筒が所蔵していた哲学者・山内得立（一八九〇―一九八二）の『意味の形而上学』（一九六七年）の見返しに残した次のメモから窺える。[21]

このメモが興味深いのは、井筒がよく用いる「コトバ」が「パロール」であることが、ここから判明するからだ。井筒は「語」にルビを振って「コトバ」と読ませる場合もある。だが、この極度に短いメモは、さらに雄弁である。なぜなら、禅の発語こそが「超感覚性」や「外部性」を携えて、経験の現場に露わな固有性にまっすぐ降り立ち、内側から捉えることが可能であることを示唆するからだ。内なる外部性とでも呼ぶべき言語そのものが、全体性を伴ったまま経験の現場に垂直に到来し、意味を成立させる。井筒は「代示」によって、禅の発語が一度の言語化にその瞬間の個別性と自分以外の一切という無限性の相関として実現することを示そうとする。ゾシマの「意味の理解」や無門の応答が、あらゆる意味を集約しながら具体性を表すのを、このメモは教えてくれるように思われるのだ。

井筒は、ソシュールのように固定化された記号として言語を捉えるのではなく、ベルクソンのように下意識の観念が垂直に意識へと降りてくる現象として捉えた。この動的な言語のあり方は、井筒が一九七七年にテヘランで行った講演に基づく禅問答論「対話と非対話――禅問答についての一考察」（一九七九年）にも見出せる。井筒にとって禅問答とは、言葉や意味で分節化されていない現実をありのままに実存的に体験し、その経験を言語化して対話を交わすことだ。それは、あらゆる言語的規則から解放され、表現の極限形態を追求することと言い換えてもいいだろう。この著作の中で井筒は、禅問答の対話者が、発語のたびに「本源的非言語の垂直的言語化の場」となると指摘する（全集第五巻、二〇一頁）。これが意味するのは、「絶対的に無分節」なものを「言語的自己分節」としてそれぞれ自覚する二人の対話者が、瞬間ごとに新しい対話の場を創造する事態である。すなわち、対話者どうしが、互いに今ここに限定された存在として生きる実存として自覚し、その生きられた具体的で固有な限定性から言葉を紡ぎ、刻々呼応し合う。それによって、記号の一般性、抽象性、普遍性に打ち消された、生きた体験のかけがえのなさを言語化しようとする。このような現実の把捉や言語化は、固定観念や既成概念に囚われた日常の思考や対話から隔絶しているだろう。

人間は、社会的に繋がり合いつつ、その状況に縛られた実存を「自覚」することができる。言葉の意味は発話者に固有の具体的な状況に限定されて具体的な意味を成立させる。このように、固有の具体的な状況に限定されて生きざるを得ないことの自覚が実存である。実存に固有の意味の成立の場があり、したがって、真の固有の意味を捉え、対話を実現するには、一般性に留まるのではなく、固有性を生きる実存の場に降り立たねばならない。それは話し手にも聞き手にも当てはまる。井筒が示してくれるこのような観念の言語化は、他者や異文化の理解の基礎となる可能性を秘めている、と私は考える。

7　垂直的なコミュニケーション

井筒はクルアーンや詩歌の読解を通して、自分自身の体験を一般化せずに伝える方法を教えてくれる。例えば、花を眺めたり、音楽を聴いて感じることは、そのつどの状況によって、個人のなかで新たな意義づけがなされ、異なる情景が描かれているはずである。その新たな意義づけを言葉にもたらすことは、宗教的文脈とは無関係に、日常的に行われる。花や音楽、会話の言葉が感覚器官を通して与えられ、心を刺激しそれへの反応として、一般観念を具体的な状況で表出する。つまり、観念が言葉として外在化、顕在化する。

私たちはまだその香りをかいだことのない花や実在すらしない花でも、「花」という語で指示できるし、それを理解できる。川は、それ自体が常に刻々と姿を変えているのに、「川」という同一の語で指すことができる。一瞬として同じではない対象にも、その語の意味する性質を認知する。その性質（流れる、水など）を有する対象なら小説に登場するような現実とは異なる「川」ですら同じ語で指示できる。そのような一般化ができなければ、言語は機能しない。一般観念も言語記号としての語は、そもそも具体性をもたないゆえに、どのような状況でも対象でもその個別性を考慮せずに発話できるという利便性がある。

しかし私たちの経験は、そのつど具体的で個別的で独自であって、記号に置き換えて比べようがないはずだ。再び馴染み深い日本語の「花」の例を思い出して欲しい。同じ衣服から花の香りがすると詠《よ》む歌を並べることで、九〜一〇世紀を生きた紀貫之と一二〜一三世紀を生きた俊成女が対話する。これが抽象性を基本とする言語記号の効果だ。だが対話者二人も私たちもそれぞれ異なる状況を生きている。私たちは、例えば俊成女の和歌における「花」には、貫之や私たちの用法と異なる固有の価値が声を与えられていて、そこに俊成女が生きた具体的な状況が映し出されていることに気づくだろう。俊成女が物憂げに過ごす短い夜に、想い人との過去は二度と戻らないと知りつつ、香りに包まれ現実と夢を重ねて生きる春の花の微風が、彼女固有の憶《おも》いに彩られている。そのような固有の心の密語《ささやき》にまっすぐ垂直に降り立たなければ、その個別性はすぐさま記号の一般性、抽象性、普遍性に打ち消される。

現実の存在はみな記号とは異なり、それ自体で他のどれとも違う唯一の価値をもっている。そのことを私たちはよく知っているからこそ、使い古した傷物の鞄に愛着を感じる。同じ名で指示される対象が現実には全て違うからこそ特定の物を特別視する。果たして言語はそんな固有性を表現できないのだろうか。井筒は『言語と呪術』で、意味による喚起が、対象をそれ固有の独自性のうちに捉え、現実を生き生きと力強く明瞭にすることを論じたはずである（本書の第一章第4節）。

そのような生きられた言語は、世界を没個性的な一般性の中に埋没させるのではなく、「差異性の世界」、すなわち無数の固有性や独自性から成り、常に変容し続ける世界として体験させる（一四〇頁）。世界はそれ固有の形式をもち、言語も固有の形式をもつ。私たちは両者の形式を一致させるようにして固有の世界を生きる。このようにして見れば、異文化としての他者は、私の生きる世界とは別の世界に生き生きと実質を与える存在であると捉えることもできるだろう。自国の古典を理解するためには、現在の日本語とは異なる形式の意味喚起を顕在化することで、まだ意識に上っていない固有の価値にまっすぐ垂直に降りていかねば、具体的で唯一性のある独自の価値を捉え、伝えることはできないだろう。

ところが私たちは、物事や人間を、みな違う条件、違う状況にあると知っていながら、水平に並べて比較してしまう。それは、固有の存在を抽象化して没個性化する行為だ。個性的な人や物を年齢や一般名称の記号に置き換えて、その抽象化によってその人について何か具体的なことが分かったつもりになる。職業というたった一つの機能によってその人を特徴づけることも同様だ。その人には、その人なりの膨大な過去の蓄積があり、他の人とは全く異なる条件を生きている。それに対して、記号は文脈に置かれて比較されることで、初めて他との違いや意味や独自性が明らかになる。書かれた文字だけでなく発音された単語も文や言説といった記号の連鎖の中で相対的に価値が決まる。そういったあらゆる相対性による個性の剝奪を井筒は回避しようとする。

それでは、没個性化しない言語行為は可能なのだろうか。井筒の理論を敷衍するなら、それは、個別的なものが置かれた状況から、その固有性・唯一性に目を向け、表現しようとすることだ。それは、無比の固有の価値にまっすぐ降り、可能な限りあるがままに言語化しようと努力し続けることだとも言えるだろう。そのとき、私たちは比較によって意義づけするのではなく、ただそれだけに固有の価値に、その存在自体に、それがあるという意義そのものの内に垂直に降り立つのだ。垂直性は、比較を絶した意義の内へと跳躍することだと言える。

もし対話者どうしが、それぞれのなかで実存を深め、自らが「垂直的言語化の場」となるなら、個別的な経験を画一化したり没個性化から逃れられる。この対話は、禅問答のように向かい合って交わす対話には留まらないはずだ。垂直に深化する実存が互いに語り合い、そのつど新しい意味連関を共有できるなら、真に生きた対話となるだろう。むろん、それは情報交換・意思伝達の場ではない。新たな価値を生み出そうとする創造的な対話のコミュニケーションだ。井筒は「対話と非対話」で「差異性の世界」を言語化する態度を記述する。

> 二人の人間、二つの実存、すなわち非言語の自己言語化の互いに平行する二つの実存的機構が、相関的展開の過程において、互いに刻々呼び合い応じ合いつつ、瞬間ごとに全く新しい対話的場面を創造していく……。
>
> （「対話と非対話」全集第五巻、二〇一頁）

ここでは、このような「対話」のもつ意義や可能性を考えてみたい。このように観念を語として外在化することは、どのように実践できるだろう。それは、自分と他人を並べて比較するのではなく、ただそのひと個人の意義、個別の事物事象の意義へとまっすぐ目を向け、その個別性を言語化することである。では、それをどう言語化できるのか。井筒は一貫してこの問題を哲学的に追究したと私は考えている。それを解く鍵は、井筒の解釈学だ。井筒によれば、「イスラームとは『クルアーン』の解釈学的文化である」（『イスラーム文化』全集第七巻、三三頁）。伝統的なイスラーム文化では、生活の隅々で、その状況ごとにクルアーンを解釈して行動に移していた。これはいわば、そのつどクルアーンを解釈し、語り直し、生き直すことだ。立ち返るテクストは同一なのに、異なる状況下でテクストを参照すると、新たに旧来と異なる意義が自ずと与えられる。井筒にとってクルアーンに限らず、古典とは人が自身の置かれた状況に新たな意義を与える語りの可能性であった。

井筒は古典を読み、語り直す行為を「幾世紀もの文化的生の集積をこめた意味構造のコスモスが、様々に、大胆に、「読み」解かれ、組み変えられていく」営為だと述べる（「テクスト「読み」の時代」全集第一〇巻、二三七頁）。それは、心の暗闇に萌芽としてある可能性を、創造的に言語へともたらす、言語や意味の宝庫を、私たちにそれまでなかった何かを現実にもたらす、言語や意味の宝庫なのだ。それを私は「古典」と呼ぶ。

何かを経験するとき、その経験のさなかで言語化することは難しい。言葉にすれば、何か大事なものが失われるような気がしたり、言葉にできないもどかしさを感じたりする。普段の経験ですら、直接の印象をそのまま言語に展開することは困難だ。言語に展開しなければ認識も対話も成立しない。それでも、時間をかけて展開するより他にないのが各瞬間の経験の豊かさである。日常とはその連続であると言える。もどかしさを等閑にし忘却していくことで、私たちは日常を維持するだろう。日常にかき消される幽けき事物事象や心の密語、声ならぬ声に意味の場を与えるため、根底から言語行為を捉え返すことを井筒の言語哲学は思い起こさせてくれる。

映画を見たとき、音楽を聴いたときに、様々な外的・内的刺激から印象を得る。その印象が与えられる瞬間の緊張、衝撃、迫真性が馴染んだ頃には、緊張も緩んで、言葉にすることもできるだろう。だがそのときに、当初の迫真性が言葉にうまく対応するとはかぎらない。なぜか言葉が上滑りするような経験を誰もがしているはずだ。経験に垂直に降りようとする欲望や葛藤は特殊なものではなく、このように日常的に経験するものだ。経験の個別性の強烈さという「垂直性」のままに言語化せず、ありきたりの一般性に一度置き換えたら、それに馴染んでしまう。そのような没個性化を回避するには、当初の経験の強烈さを記号として固定化せず、語り直していくよりほかに手立てはないだろう。そこに哲学や詩歌、文藝の役割がある。そのことを井筒の言語論は改めて気づかせる。

言葉を固定することなく、一般化することもなく、経験の意義に心を配ることは、絶えざる努力を必要とするが、実現不可能ではない。こう捉えられた語り直しとは、原点に立ち戻ることであって、後退ではない。それは固有性を消し去り、比較で価値を生むことから脱却し、個別の経験に固有の価値を生み続ける前進だ。それは、例えば『新古今和歌集』から能楽、俳諧への文化的な創設を一例として挙げることができるかもしれない。語り直しは、私たちの日常意識や振る舞いに活かされるべきだろう。それにより私たちは他者をその人らしさ（人格）において捉えうるだろう。これに対し、人や物を数値で捉えたり一般化したりして理解した気になるなら、人格（あるいは物格）

といった固有の価値を蔑ろにし、奪うことである。なぜなら個別性を分かりやすさの道具（数値）にしてしまっているからだ。井筒の言語哲学はこのような絶えざる意義づけを生きる方法を提示してくれる。以降の章では、井筒の代表作を読み解き、言葉化への絶えざる思考と実存的深化の哲学をさらに繙いていこう。

第三章　生々流転する世界
――「存在が花する」のメタ哲学へ向けて

1　『スーフィズムと老荘思想』の理念
――「哲学と世界共同体」とエラノス会議

人は言語によって自分を取り囲む外界や内界について語ることができる。それと同時に、経験することのできない事柄についての思考をも表出することができる。だが時に言語は、「内なる外部性」や「超感覚性」として経験されることに井筒は着目した。言葉が神（超越）から人間に降《くだ》される啓示やゾシマが「罪と愛」を直観する経験、あるいは詩的直観は、言葉が「外部のもの」や「異他的なもの」として現れる超感覚的な現象だった。

人間の成長や発達の過程を考えてみると、この言語の外部性や超感覚性の側面は捉えやすいかもしれない。私たちは言語を子どもの頃に学び、やがて自分の言語、すなわち母語として習得する。言語能力は私たちの内部に生来、備わるとしても、文化的な背景を持つ個別言語は当初から内在しておらず、自己を表現する方法である言語そのものは外部から与えられる。その意味で、言語とは本質的に「外部」であり、自分自身を成り立たせる根本でありながら、同時に自分を超えるものなのである。私たちは外在的な事物事象へと意識を向け、言語によってそれらを把握し、理解し、内面化する。そのような経験を表現することが言語行為であるなら、言語を追究するとは「存在」を追究することに他ならないだろう。井筒は、内在化された経験の迫真性《リアリティ》をどう言語化すべきか追究した。

一九六六と六七年に刊行された英文主著 *Sufism and Taoism: A Comparative Study of Key Philosophical Concepts*（『スーフィズムと老荘思想』上下巻）で井筒が取り上げるのは、イスラームの神秘思想（スーフィズム）と中国の老荘思想である。井筒は第一部でスーフィズムの代表としてイブン・アラビーの存在論を、第二部では老荘思想の主要概念を分析し、その結果を第三部で比較する。それによってスーフィズムと老荘思想は存在を主題とし、様々な概念＝言葉を駆使して、「存在」の迫真性を探究する思想であることが明らかになった。井筒は、それらのテクストで概念＝言葉が他の語と関連し合い、動的に言語世界を形成する原理を解析することで、「存在」そのものの経験の究極的な表現に迫ろうとする。全く異なる思想伝統に属す思想家たちが、別々の言語を用いて、人間として最も根本的な感覚——自分が世界の中にどのように存在し、世界を捉えるのか——を考察するテクストを井筒は読解し、その世界観に根元的な共通性を見出そうとする。それらが、表面上の違いに反して、深く通じ合うことを示せるなら、文化の衝突を乗り越える鍵となるかもしれない。そのような想いがこの仕事を貫く。まずは『スーフィズムと老荘思想』執筆に至る経緯を辿り、当時の世界情勢と井筒の理念との関係に触れておこう。

クリバンスキーとの交友

井筒はアメリカ合衆国のニューヨーク州に本部を置くロックフェラー財団（Rockefeller Foundation）から研究のための助成金を得て、一九五九年から二年間、レバノンやエジプトなど中東、さらにヨーロッパを歴訪した。六一年には、カナダのマギル大学に客員教授として招かれ、六九年からは正式に教授として赴任した。マギル大学には、世界的に名高い哲学史家、レイモンド・クリバンスキー（一九〇五―二〇〇五）が長年在籍しており、井筒は彼との交友を深めていく。クリバンスキーは二〇〇五年に出した回想録『国境なき思想』で、井筒と特別な友情を結んだことや『言語と呪術』とその後のクルアーンや神学、スーフィズムの研究によって世界的な評価を獲得した様子を回想している。[1]

クリバンスキーはパリに生まれ、ドイツで教育を受けたが、彼の家系がユダヤ系であったため、ナチスによる迫害が本格化し始めた一九三三年に家族と共にドイツを逃れた。その後、彼はイタリアやベルギーを経て、イギリスに移住し、三六年にオックスフォード大学オリオル・カレッジの教員となった。マギル大学で論理学と形而上学の教授となったのは、戦後すぐの四六年のことだった。民族殲滅という危機を経験し、祖国を追われたクリバンスキーは、平和の実現を哲学によって推進する道を選ぶ。五二年にパリに本部を置く国際哲学院（Institut International de Philosophie）で「哲学と世界共同体」というプロジェクトを提案した。六六年から六九年には同哲学院の会長を務め、五〇年代以来、国際哲学連盟と国際連合教育科学文化機関（ユネスコ）の国際哲学人文科学評議会の後援の下、この運動を世界規模で推進していく。以降、哲学はユネスコの重要な活動分野となる。

異文化間対話と言語

井筒は、一九六七年のエッセイ「哲学的意味論」でクリバンスキーとの邂逅に触れている。それによれば、井筒とクリバンスキーが急速に接近し親しくなったのは、『スーフィズムと老荘思想』の出版と同時期の一九六六から六七年にかけてのことだったという。同書を読んだクリバンスキーが井筒に興味を持ったとも推察できる。先述した通り、クリバンスキーは当時、「哲学と世界共同体」という哲学史上、革命的な運動を推進していた。この運動は「寛容の哲学」の根拠となる世界の古典を選出し、主要な言語との対訳と併せて原典を出版し、哲学的対話として普及することを目指した。人類の相互理解に役立ち、正義と自由、平和を推進するために貢献してきた哲学の原典を、人類史上初めてヨーロッパ諸語やヘブライ語、日本語など世界中の言語で組織的に翻訳し広めようとする運動であった。例えば、スピノザ（一六三二―七七）の『思想の自由について』もラテン語原典に畠中尚志による日本語訳を付して、一九六六年に出版された[2]。イギリス経験論の実質的な創始者と見なされる哲学者ジョン・ロック（一六三二―一七〇四）がラテン語で書いた『寛容に関する書簡』（一六八九年）もまた、クリバンスキーが編集し序文を書いて、各国の専門家が翻訳した。[3]「哲学と世界共同体」は、このように理性的な対話の基盤を世界規模で構築し、平和を実現しようとする壮大なプロジェクトだった。その構想について井筒が回想する文章を読むと、当時、二人が思想的に共鳴していたことが窺える。

この運動〔哲学と世界共同体〕の根本理念は、現代全世界の諸民族の深い相互理解は色々の次元で可能であるにしても、最も根本的には哲学的次元で行われなければならないということである。世界は今や一つの共同体の成立に向いつつあるが、それは諸民族がそれぞれの哲学的所産を流通し合って、それを通じて理解し合うとき、はじめて確乎たる理性的基盤の上に立つことができるという考えである。

（「哲学的意味論」全集第四巻、一三三―一三四頁）

クリバンスキーの掲げる「哲学と世界共同体」は、第二次世界大戦後、繰り返し紛争の中心地となる中東の古典的な思想を研究してきた井筒にとって自身の哲学的理念であり主題でもあったろう。クリバンスキーは井筒をこの運動に誘い、国際哲学院の日本人初のメンバーの一人に推挙した。井筒はこの運動の一環として、一九七一年に"The Philosophy of Zen"（「禅の哲学」）という論文と、豊子夫人との共著論文"Poetry and Philosophy in Japan"（「日本の詩歌と哲学」）をクリバンスキーの編著書『現代哲学』（*Contemporary Philosophy: A Survey*, Vol. 4, La Nuova Italia Editrice）に発表、八一年にも夫人と

の共著 *The Theory of Beauty in The Classical Aesthetics of Japan*（『日本の伝統美学における美の理論』Martinus Nijhoff Publishers）を出版する。さらに井筒は、八三年にユネスコのシンポジウムで"The Semantic Structuralization of Culture: From a View Point of Oriental Philosophy"（「文化の意味構造化――東洋哲学の観点から」）と題して講演を行っている。

この活動と並行して、井筒は七九年に慶應義塾大学で開催された国際シンポジウムでの講演「人間存在の現代的状況と東洋哲学」や八三年の岩波書店創業七〇年記念国際フォーラムでの講演「文化と言語アラヤ識――異文化間対話の可能性の問題をめぐって」（共に全集第八巻所収）で異文化間対話を主題に語っている。井筒はそこで、近代化による伝統文化の破壊や、それによって自己の基盤を喪失するという実存的な問題、さらに異文化の接触が引き起こす人類規模の摩擦や衝突、対立といった現代の危機に触れ、哲学的対話を確立することで、危機を乗り越えようと提言する。そのような理念に立つ思索は、アラビア思想や中国思想そして日本思想といった東洋思想を射程に収めて展開され、世界的な活動を通して深められていく。『スーフィズムと老荘思想』はその活動の先駆けとして位置づけられる。

井筒は一九三九年に大川周明の主宰する満鉄東亜経済調査局でアラビア語文献を整理し、アラビア語を教え、四〇年には大川が中心となって創刊した月刊誌『新亜細亜』に「アラビア文化の性格――アラビア人の眼」（全集第一巻）を寄稿した。クリバンスキーがナチスに追われた時期、民族主義に沸く日本で井筒は思想家として逆の立場にいた。そのような相反する経験がかえって両者の共振を強めたのかもしれない。

井筒は確かに「哲学と世界共同体」の理念に賛同した。だが、クリバンスキーが「対話の方法」として実践する、哲学テクストの対訳と出版だけでは、世界規模での相互理解の基盤を構築するには不十分であると考えていた。相互理解の対話は、共通する哲学的な言語を構築することによって初めて実現可能となると指摘する。その試みが『スーフィズムと老荘思想』であった。

> 諸国の哲学者たちの思想を、その精神の深みにおいて分析的に把握した上で、彼らに共通の言語を互いに語らせる知的操作がなければならない。このような哲学的共通言語を作り出すこと、それを私は哲学的意味論と呼び、その仕事を自分に課したいと思う。現に私のしている老荘思想とイブン・アラビーの思想の比較研究〔『スーフィズムと老荘思想』〕はかかる理念の上に立っているものである。
>
> （「哲学的意味論」全集第四巻、一三四頁）

『スーフィズムと老荘思想』の「哲学的共通言語」は、後述する通り「メタ言語」と言い換えることができるだろう。メタ言語を構築する試みを、井筒は「哲学的意味論」と名づける。この名称は、井筒が国際的な舞台へと活動の場を広げたもう一つの契機である「エラノス会議」の主催者が提案したものだった。主催者が井筒の専門を表現するものとして「哲学的意味論」を提示したとき、井筒は自分の理念を正確に伝えるものだと確信したという（同、一三二頁）。鈴木大拙に次ぐ二人めの日本人講演者として、井筒は同会議で一九六七年来ほぼ毎年にわたり計一二回の講演を行った。

スイス在住のオランダ系の資産家オルガ・フローベ゠カプタイン（一八八一—一九六二）は一九三三年以来、毎夏スイスのアスコーナに世界中から異なる分野の研究者を数名招待し、あらかじめ設定した主題をめぐって講演してもらう「対話の場」を提供した。彼らは一〇日間共に過ごし、東洋と西洋の思想に通底する主題をめぐって考察を深めた。彼女の死後、運営の中心となったのはスイスの生物学者アドルフ・ポルトマン（一八九七—一九八二）である。彼は生物の知覚や行動を考察し、二〇世紀における「哲学的人間学」の形成に深く関わった。この学問的立場においても、井筒はエラノス会議と軌を一にする。井筒は、前章でも紹介したように、一九四〇年代から五〇年代の自身の著作『アラビア思想史』『神秘哲学』『ロシア的人間』をある種の「哲学的人間学」の探究だったと回想している（『露西亜文学』全集第三巻、一六頁）。

エラノス会議を「東西の出会いの場」として提案したのが、オルガ・フローベ゠カプタインの近隣に住んでいた精神分析家のカール・グスタフ・ユング（一八七五—一九六一）だった。ユング自身は六一年まで参加し、井筒とは会っていない。この対話の場を「エラノス」(Eranos) と名づけたのは、ドイツの宗教史家ルドルフ・オットー（一八六九—一九三七）だった。エラノスは古典ギリシア語で、参加者が各自用意した食べ物を持ち寄って分かち合い、食卓を囲んで談笑し合う「会食」を意味した。オットーは宗教学の古典で井筒も参照する『聖なるもの』（一九一七）やドイツの神秘哲学者エックハルトとインドの神秘哲学者シャンカラの思想を比較した『西と東の神秘主義』（一九二六）を残した。ユングの「元型」は、井筒の『意識と本質』に着想を与え（本書第四章）、オットーの「聖なるもの」の概念は『言語と呪術』でも『意識と本質』でも参照され、神秘主義、特にシャンカラは繰り返し取り上げられた。エラノス会議は井筒の理念と合致し、思想形成にとっても決定的に重要な場であった。

井筒がエラノス会議で最初に講演したのは、"The Absolute and the Perfect Man in Taoism"（「老荘思想における絶対者と完全人間」）だった。この講演は、『スーフィズムと老荘思想』の第二部を要約する内容であり、老荘思想を具体例として東洋における自己の探究を論じるものだ。この講演は、後ほど再度取り上げるが『老子』と『荘子』における「道」の哲学が、儒教の本質主義と対比することで、存在主義として規定できることを主張する。『スーフィズムと老荘思想』ではあまり詳しく論じられない儒教の本質主義が講演では表立つ。井筒がスーフィズムと老荘思想という直接的、間接的関連性を持たぬ思想を比較したのには、二つの理由があった。一つは方法論として哲学的な共通《メタ》言語を構築するために相応しい思想であること、もう一つは両者が自己探究と存在主義とを特徴とするからだった。

2　イブン・アラビーの「新たな創造」
――時々刻々と変容する存在

自己研究

『スーフィズムと老荘思想』の根本をなす「自己探究と存在主義」への井筒の関心について、もう少し掘り下げておこう。一九六〇年二月七日付で『朝日ジャーナル』に寄稿した文章「レバノンの人と風土」で、井筒は初めて訪れたレバノンの印象を綴り、同地が抱き続けている「自己喪失の意識」を描く。今ではレバノンはアラブ諸国に数えられているが、同地の人々は井筒にこう語ったという。「われわれにはアラブ民族意識などというものは全然ない。アラビア人は、エジプト人やヒッタイト人や、その他この国を征服した異民族と同じく、われわれにとって異民族であり、征服者であるにすぎない」と（全集別巻、九八頁）。彼らは地中海をまたいで交易した海の民フェニキア人の末裔を自称する。だが先祖の言葉を忘れ「征服者の言葉であるアラビア語を今では母語として生きている」と言うのだ。その結果、「我々は何者か」と自己喪失を強く自覚する。そんなレバノン人の現在の意識に井筒は現代人の自己喪失の問題を重ねていたのではないか、と私には思われる。

言語喪失と「自己」の存立の問題は、日本人にとっても他人事ではない。西暦七二〇年に成立した正史『日本書紀』は漢文で書かれたが、九一三年に成立した『古今和歌集』は漢詩に対する和歌の独自性を示そうとするものだった[4]。さらに、明治以降は急速な西洋化を経る過程で、異文化を貪欲に吸収する一方、深刻な精神文化の危機に巻き込まれた。もっとも典型的な反応は、明治時代の初代文部大臣森有禮が公用語を英語とするよう提唱したり、作家の志賀直哉がフランス語を公用語にするよう主張したりしたことである。志賀の発言を冗談と捉える風潮の中、作家の安岡章太郎は日本語がますます無力となるのは現実問題だと危機感を表白した。[5] グローバル化が加速する中で、世界が深刻な実存的危機を経験していることを井筒は注視していた（「東洋哲学の今後」全集別巻、一三〇頁）。

常に新たにされゆく世界

井筒は、喪失した自己という現代が直面する実存的な危機を根本から乗り越えようとして、『スーフィズムと老荘思想』を著したのではないだろうか。井筒にとって、真の自己の探究こそ出発点にして主題だったのではないかと私は考える。だが、主題が共通するからといって、そもそもなぜ中世スペインに起こったイスラーム神秘主義と古代中国のシャマン的な意識を色濃く反映する思想を比較するのだろうか。これについては、井筒が着目するイブン・アラビー（Muhyī al-Dīn Ibn al-ʿArabī）の流出論の中核をなす「新たな創造」という考え方が参考になる。スペインのアンダルスに一一六五年に生まれたアラブ人であるイブン・アラビーは、法学や神学を学び、少年時代から神がかった幻視体験をすることで知られた。三〇代から北アフリカ、エルサレム、マッカ（メッカ）を経て、アナトリア（今のトルコ）に移住、最終的にシリアのダマスカスに定住し、一二四〇年に同地で没した。井筒はその主著として知られ、多くの注釈が書かれた『叡智の台座』（*Fuṣūṣ al-ḥikam*）を詳細に分析する。「新たな創造」（al-khalq al-jadīd）は、個々の事物の本質にあらゆる存在の本質を見る認識のことである。

> 自己顕現の過程において、一つの〈本質〉のなかに〈多〉が見分けられるようになる。その〈本質〉は、あらゆる形相の定義のなかで言及される〈第一質料〉と類比的に考えることができよう。形相は多であり、さまざまである。だが実際には、〈第一質料〉たる「実体」に帰着する。（イブン・アラビー『叡智の台座』シュアイブ章／『スーフィズムと老荘思想』上巻、二八五頁）[6]

「自己顕現」とは様々な事物事象がその真の姿を見せる、すなわちアイデンティティとしての「本質」が顕現することである。このとき顕わになる「本質」とは、自己を含む他の全ての事物事象のアイデンティティの根拠たる「実体《ヒュレー》」（アラビア語でハユーラー hayūlā）である。イブン・アラビーは、事物事象の「本質」をイスラーム哲学において受容されたアリストテレス由来の用語で表現し、唯一の本体たる「実体」が「形相《イデア》」（アラビア語でスーラ ṣūrah）を通して多に分かれる現実の構造を描く。具体的な全ての事物事象の内に、唯一絶対の「実体」、すなわち「一者」たる存在（wujūd）そのもの（宗教的には神）が現れる。これが「新たな創造」であり、それを軸に展開される思想が「存在一性論《ワフダト・ウジュード》」（waḥdat al-wujūd）である。このイブン・アラビーからの引用部分に対して、井筒は次のように解説する。

　現象世界にある具体的存在者は、つまるところ、さまざまな形態を帯びた神の自己顕現であり、究極には〈一者〉に帰着する、との「新たな創造」の或る特定の側面を強く主張する。だが、全く同じことが、垂直連関、つまりつねに新たにされゆく瞬間瞬間の創造のあいだの時間的連関にも当てはまる。同一に見えるものにも「新たな創造」が各瞬間に起こる。だから、二つの継起する瞬間のもとに捉えられた「同一のもの」は同一なのでなく、二つの「似た」ものである。にもかかわらず、ものはそれでもなおもともとの統一性と同一性を維持し、決して失わない。継起的にそれに起こる新たな似た状態は己れの原型によって永遠に定められているからである。（上巻、二八五頁）

　イブン・アラビーにとって、無数の個物は多様な姿で顕現する神の働きである。これら無数の個物、すなわち具体的存在者は、それぞれ別々の本質《マーヒーヤ》を持ちながら、その内部には絶対的に一なるもの（神）が介在する。このように見られた事物事象は、継起的に、時々刻々に経験され、心に痕跡を残し、そのつど自己を意味として現出する。つまり、新たに創造される。そのとき経験されるのは、個別化された本質の固定性ではなく、個別化される存在そのものであり、存在自体が様々に形容されていく。そこでは絶え間ない存在の変容が言語化されるのを待っている。以降では、井筒がイブン・アラビーの「存在」に何を見出したのかを論じていこう。

3　自己顕現と意味化のプロセス

イブン・アラビーの考える本質《マーヒーヤ》とは、その対象だけが持つ固有性であると井筒は理解する。[7]

厳密に言えば、何かのマーヒーヤを訊ねるのはその論理学上の定義を問うことと全く同じではない。イブン・アラビーが理解する限り、何かのマーヒーヤを問うことは、対象の本来的な在り方（haqīqah）、つまりその対象だけがもち、他のものが共有しないものを問うことである。論理学的な「定義」はこれと違う。（上巻、四三頁）

イブン・アラビーは、論理学の考える普遍としての「本質」とは異なるタイプの「本質」に着目する。論理学では、事物の定義が示す「何であるか性」は普遍的に同類の事物に共通すると考える。これに対して、イブン・アラビーは、同じくマーヒーヤという語を用いながら個体的な「本質」に着目する。あらゆる事物に普遍的本質と個体的な本質の一致を見るのだ。イブン・アラビーは後者を「その対象だけがもち、他のものが共有しないもの」、すなわちその事物が今ある形にあらしめる「本来的在り方」（次章の「フウィーヤ」）として探究する。個物の固有性《フウィーヤ》とその普遍的本質《マーヒーヤ》との転変の様子をイブン・アラビーは「新たな創造」として描いていく。このヴィジョンは、井筒の今後の思索にとっても基軸となっていく。

> 我々の姿が絶対者のなかにあって、我々全てが絶対者のなかで互いに（絶対者がそうする仕方で）己れを開示しあうように（お前には）見えよう。我々は互いに（上文の絶対者を識るような仕方で）識り、そして我々は互いに区別されている。（『叡智の台座』イブラーヒーム章／上巻、六二頁）

ここでイブン・アラビーが述べるのは、無数の合わせ鏡でできた空間で全ての鏡に自分自身が反映するように、私たちは全ての個物の中に全てを見ると同時に、一つ一つが区別されることを知っている、ということだ。このことは、後述するように、通常の理性には矛盾し「混乱」しているように捉えられる。その「混乱」の中で個物が存在化する様子が「新たな創造」である。

> 造化作用は（創造された）ものそのものに帰属するのであって、神に帰属しないと神ははっきりと言う。このことで神に帰属するのは〈命令〉だけである。自らの（創造過程での）役割を神ははっきりと「私が或るもの（の存在を）決した（原文は「意志する」）なら、「在れ」とだけ言う。そうすればそれは存在に至る」（クルアーン第一六章第四〇節）と語る。したがって、確かに神の〈命令〉に順適してものが働くのだが、「造化作用」はものに帰属する。

（『叡智の台座』サーリフ章／上巻、二七六頁）

造化すなわち存在化（takwīn）は、神の意識に現れた神名を個物として現実化する過程である。イブン・アラビーは、神による無からの創造とは、神の意識にのみ可能性として存在する段階から、人間に経験され思考される対象に転じることだと理解している。神が事物事象を存在させるために「慈愛の息吹」を神名に吹き込むことが、ここでは「在れ」と命令することとして描き直されている。これは神の意識が顕現するという意味で、自己顕現と見なされる。

神の意識にとっては原型としてありありと実在する事物事象は、人間の意識には個体として現実化されておらず、可能態にとどまる。それは、存在化されることも、されないこともありえ、神が「在れ」と存在を付与するのを待つ状態である。事物事象として現実化・個別化（意味化）されていない可能的な状態では、ちょうど無数の鏡に事物のただ一つのアスペクトだけが見えるのではなく、あらゆる側面が同時に映し出されるように、事物のあらゆる側面が可能性として顕現する。だが実在化されると、事物は可能性として有していたあらゆる側面を潜在化させ、唯一の側面を現実にもたらす。このプロセスを示すのが、非限定で絶対的なるものの「自己顕現」である。これは第二章の「代示」に当たる。

井筒によれば、この意味化のプロセスを東洋の諸思想は問題にするという。私たちは通常、現実化した事物の一つの側面にだけ目を向けるが、イブン・アラビーはその現実化によって隠れる潜在性に目を向ける。これは第一章で論じた意味化のプロセスと同じである。第四章・第五章で詳述するように、ある事物が個別化されるとき、その現実化と引き換えにその事物が可能性において有していたあらゆる側面は潜在化するという物の見方が、実在論であろうと唯名論であろうと、本質肯定論であろうと否定論であろうと、東洋の諸思想に通底すると井筒は見なし、『意識と本質』で考究していく。その鍵となったのが、「自己顕現」と「新たな創造」である。イブン・アラビーは、この創造を、神の自己意識（神名）が息吹として表出される自己顕現として論じる。

或る一つの単純な実の在り方（はそのまま）に「常に新たな創造」が為されるなかで〈神の息〉が吐かれる毎に世界が永続的に更新される。（だが、このことに気づくひとは少ない、と）或る一団――実際には大多数――のひとに言及して「いや、彼らは新たな創造に関して著しく混乱する」（クルアーン第五〇章第一五節）と神が言うように。大多数のひと（が著しく混乱するの）は、神が息をする瞬間毎にものたちが（永続的に）更新されるのを知らないからだ。（『叡智の台座』シュアイブ章／上巻、二八六―二八七頁）

井筒は、イブン・アラビーの「新たな創造」が過去の世界を新たにするという意味ではないと言う（上巻、二八二頁）。そうではなく、それは、世界があらゆる瞬間に新たに創造され続けるということである。一般に、世界は永続していると考えられているが、現実には瞬間瞬間に変容し、新しい世界へと創造される、というのだ。世界が永続していると見る人々は、この「新たな創造」を直観すると「混乱」をきたす。なぜなら、世界が瞬間ごとに無に帰し直ちに存在化することを理解できないからだ。

現実化した実在を構成する偶有は一つの神名の具現化であるが、その影にはあらゆる神名が控えている。別の神名が入れ替わって現実化することが、事物の変容とされる。神の内なる無数の「性質」が「自己顕現」（現実化）したものが世界であり、この世界は絶えず、時々刻々と存在を付与される。そのような世界は、瞬間ごとに「新たな創造」を繰り返し続ける。これが「自己顕現」であり、「新たな創造」である。

実体と性質

西洋古代や中世の思想は、個物は「性質の束」によって成立し、それがバラバラにならないよう、それらをとりまとめる基体（実体）が必要であると考えた。これに対して中世哲学を刷新したイギリス経験論は、ついには個物は性質の束そのものとして考えるに至る。個物が実際に存立する根拠として「存在」や「本質」と呼ばれる不可知の実体を想定する必要はない。個物は生じては消える数多の性質の集まりであり、その集まりが連続して結びつく現象を個物と考える。この理論は、西洋だけでなくイスラーム神学でも主流の考え方だった。だがイブン・アラビーにとって問題だったのは、その理論が「性質の束」を実体とする点にある。

彼ら〔神学者〕が何かを定義するとき、彼らの定義はその何かを偶有（の束）とする。そして、定義のなかに列挙されたこれらすべての偶有がその「実体」を構成し、その実体は自存する〔と彼らの定義が言う〕のも明瞭である。しかしながら、（偶有の集まりとしての）実体ですらも、究極には偶有である。そうである限りにおいて、そうした実体は自存するはずがない。したがって（彼らの説では）、自らの力で自存しない偶有が集められたとき、自らの力で自存する何かをつくりだすことになる。

（『叡智の台座』シュアイブ章／上巻、二九四―二九五頁）

「実体」とは真に存在を存在たらしめる本体であり、「偶有」すなわち性質はそれだけでは本質にはならない。イスラーム神学と経験論は、個物を偶有（性質）の束であると考える点で立場が同じだ。神学的な理解によれば、個物は、同じ場に新たに創造された別の偶有と入れ替わり、永続的に更新（tajdīd）する。これに対して、イブン・アラビーによれば、「偶有の集まり」もあくまで偶有にすぎず、自らの力のみで存立する実体になりえない。あらゆる事物を存立させるのは自存する同一性ではなく、「存在化の働き」である。経験されるいかなる事物も同一ではなく、経験のつど、いま、たまたま同じ性質づけがなされるにすぎない。性質づけを可能にする場に、その経験に相応しい偶有を現れさせ、それ以外の偶有を潜在化させるのが「存在化の働き」である。すなわち、イブン・アラビーは花弁だけでなく、それを留め置く花托も偶有であると考えるのだ。彼にとって、事物事象として現象する全ての個体は、時々刻々に移りゆく存在化である。このことは個物に関して、その個物を個物たらしめる実体であろうと偶有であろうと、本質であろうと存在であろうと、この絶えることのない転変を免れることはない。偶有の集まりとしての実体も、現れては消えゆく存在化の働きの一側面、一性質にすぎない。その働きは、偶有の集まりとしての実体が生起する「場」である。それは、特定の個物を変わらぬものとして留め置く基体ではなく、絶対的に無条件の存在化である。したがって、「これは何々である」と限定され条件づけられることはない。

イブン・アラビーにとっては、あらゆるものが絶対者の現れた象《かたち》であり、それらは独立した存在基盤（qiwām）を自らのうちにもつわけではない。つまり、すべては、一つの永遠に在り続ける〈実体〉（jawhar）のなかに現れては消える「偶有」である。別の表現を用いると、絶対者の〈存在〉そのものがあらゆる瞬間に何十億もの新しい着物を纏い現れるとも言いうる。神の〈息吹〉が起こるたびに新たな世界が創造されるのだ。（上巻、二九二頁）

イブン・アラビーは、この世界が絶え間なく現れる「場」こそ原型であると述べる。そこに現れるのは絶対者の影（ẓill）、多様なイマージュ（mithāl）である。それは、「有無中道の実在」（aʿyān al-thābitah）、「備え」（istiʿdād）、「あらゆる本質」（ʿayn 原型の状態にある全てのもの）、または「神名」や「慈愛の息吹」、存在化を受容する「受容性」（qbilīyah）などと様々に言い換えられる。それはみな、世界が現れる「場」(maḥall あるいは maqāmāt) として常に実在していながら、世界から見ると必ずしも現実化されてはいない。その現実化は起きるとは限らず、可能性として常に待機状態に置かれる。この意味で「可能的」(mumkināt) とされる。

「世界」と呼ばれる神の「影」、この「影」の現れる場が、可能的なものどもの原型的本質だ。これら原型に影が (先ず) 拡がる。〈在る〉を原型に投げかける者の〈在る〉が実際に拡がる分だけ影が感覚知覚で捉えられる。だが、「光」なる〈神名〉によって初めて影が認識しうるのもまた確かだ。

(『叡智の台座』ユースフ章／上巻一二五頁)

世界を構成する事物事象の原型は神の意識では実在する。それは、神が自意識の中で自分の属性を映し出し、眺めている状態だからだ。それらは、神の内部で光としての神名によって照らし出され、自己のイマージュ (影) を鏡に映す。この射影は、局在的には私たちの意識の内部で起きることだが、それがあらゆる限定を超えて起きているのが神の意識ということだろう。イブン・アラビーは感覚的経験に立ち現れる世界に関してのみ「新たな創造」の見方から叙述する。しかし、彼の注釈者として名高いカーシャーニー (一二五二頃—一三三九頃) が捉える創造の情景はそれよりも射程が広い。カーシャーニーは、絶えず流れる川の水のように存在化の働きが全世界を覆う様子と、奥底なき闇の中に幾億の光がそこここで明滅する光景としての神の意識とを重ね合わせる。これを井筒は次のように説明する。

任意の一つの光る場所に眼を注ぐと、次の瞬間にはその光は消え、さらに次の瞬間には別の場所に再び光が現れる。〈神の意識〉は、光が各瞬間に際限なく明滅しつづけるそうした数多の場からなる複雑な網のようなものと想像される。
（上巻、二八八頁）

イブン・アラビーは、神の「息吹」や「命令」といった神話的な形象を用いて、刻々と変わりゆく世界を語る。井筒はそのイブン・アラビーの態度を、感覚的な経験世界の有り様を、如何なるものも実体化しないで眺望する態度と捉え直す。さらにカーシャーニーに基づいて、世界を、超越的な意識におけるイマージュの潜在的な流動としても捉える。神の本体を事物事象の生起する「場」として捉え、「可能性」が「現実化すること」と捉えるこの解釈は、井筒の言語観に通底するように見える。それは、下意識において、可能的意味が潜在的に連関し、現実にもたらされるという現象そのものである。実際、後年の井筒は、言葉の意味は潜在性にとどまり、経験に際して事物に即応するイマージュが意味として表出されると説いていくことになる。井筒がイブン・アラビーに特別の関心を抱くのは、存在経験と言語を結ぶ思考を紡いだからと言えるだろう。

4 「存在」のメタ的操作

ここまで見てきたように、井筒はイブン・アラビーの「存在」概念の意味構成を次の通り抽出した——新たな創造、混乱（渾沌）、息吹、慈愛、絶対性、超越性としての無。『スーフィズムと老荘思想』第二部では、その「存在」をメタ言語として老荘思想に適用し、「道」と「徳」という概念の構造を描出する。後述するように、老荘思想を含む近代以前の東洋思想は「存在」という概念をもたない。だが、この概念をメタ言語として導入することによって、歴史的には無関係である思想の間に、共通する哲学的世界観が浮き上がる。このような操作によって、井筒は東洋思想を哲学的に比較する基盤ができると考えたのだ。

メタ言語は、ある言語やその概念を記述するための人工的な言語を指す。井筒にとってメタ言語とは、思想が内包する隠された可能性を引き出すツールである。『スーフィズムと老荘思想』における試験的な実践のあと、井筒は『意識と本質』に向かう。そこでは、イブン・アラビーの「存在一性」の形而上学をメタ哲学化し、東洋哲学の基底構造に転換していくことになる（第四章）。すなわち、「存在一性」を参照枠として、東洋の諸思想が語り直されるのだ。そこでは「本質」がメタ言語として諸々の東洋思想の概念の構造を記述するために用いられる。それによって、例えば儒教の論理思想に潜在する言語論も明らかにされる。それがどのような操作なのか、具体的に見ていこう。

イブン・アラビーの「存在《ウジュード》」は「自己顕現」と密接に絡み合う。その「存在」概念には、古代ギリシア哲学の「存在」（ousia）の概念やアラビア語の「アッラー」の概念が流入している。古代ギリシア哲学からアラビア語に訳された「ウジュード」も、ラテン語に訳された「エクシステンティア」（existentia）も、事物事象が現実に「ある」ことを意味する。現実とは、何かを「花」や「珈琲」と名づけ、そこに「花」や「珈琲」の属性を見る経験世界のことである。事物事象が現実に「ある」とは、事物事象に「何かとして」の属性が割り当てられている事態と言える。言い換えれば、属性による限定が成立している事態である。イブン・アラビーも、存在とは名づけられることでその本質が認知され、限定されたXとして立ち現れるものであることを否定しない。だがイブン・アラビーの「存在」は、Xとしてという限定を超出する「存在の働き」をも意味する。

イブン・アラビーは、「これはXである」という個体化が起きる前の状態、すなわち「存在化の働き」を受ける前の可能態をめぐって議論を展開する。それは、Xという個体として存在する可能性はあるが、まだ存在していない状態、「非存在」（ʿadam）である。この可能態は、未知の物質が発見されるかもしれないといった可能性のことではなく、現実の個体として存在する準備ができている「原型」を指す。それは、神名論の考え方において、事物事象として世界を構成する個物として限定されていない神名の働きを表している。神名は、神からの存在付与の働きを顕現させる場、すなわち事物事象（鏡に映るもの）が顕現する場（鏡そのもの）として機能するので、事物事象としてあるともないとも言えない。個体は、Xとしてという限定（すなわち存在化）が実現する場である。神による存在の付与によって、そこにそのつど多様な個体が映し出される。

> 〈神の本質〉（dhāt）が己れを顕すのは、その自己顕現が起こる場のもつ「備え」が要請する形態においてである。それ以外の仕方で自己顕現が起こることはない。したがって〈神の自己顕現〉の起こる場が、絶対者の鏡に映し出された己れの形態より他の何かを見ることはない。絶対者そのものを見ることはない。いや、絶対者の内に己れの像を見ていることは十分承知しているけれども、絶対者そのものを見ることができないのだ。経験世界で、鏡を見る者と同じ事態が生起している。あなたが鏡のなかにさまざまな像や己れ自身の像を見ても鏡自体は眼に入らない。鏡のなかにそれらの像や己れ自身の像を見るにすぎないのを十分判っていながら（鏡は眼に入らない）」。（『叡智の台座』シース章／上巻、四九―五〇頁）

原型すなわち事物の可能態が「備え」と呼ばれる。神が自己を省察するとき、神の属性は神名として自覚される。この神名は、世界にとっては事物事象の原型である。鏡に映し出された神名は、いわば鏡像であるが、事物事象にとっては自己を映し出す鏡のようなものである。人が鏡に顔を映すとき、鏡像が現れるのと引き換えに鏡そのものは意識できないため、直視することはできない。だが、鏡像を通して、「何も映さない鏡そのもの」を想定することはできる。原型は鏡そのものではないが、鏡像であるため鏡でないとも言えない。同じように、原型は存在そのものではないが、存在でないとも言えない。なぜなら、原型は限定された事物事象ではないので「存在している」とは言えないが、原型が事物事象それぞれのあり方であるなら、それは「存在しない」とも言えないからだ。世界が現出する限り、原型は存在化の働きを受け入れる「場」として現に働いている。その働きを認識するとき、存在そのものは条件づけされ存在化へと至る。

存在化の働きそのもの、いわば神の本体（dhāt）を見ることはできない。だが、限定された存在を通して、無限定の存在そのものの働きを想定することはできるだろう。『スーフィズムと老荘思想』（上巻、第二章）は、イブン・アラビーの「絶対存在」（wujūd mutlaq）を論じる。これは、認知から隔絶されている状態、すなわち何の条件づけもない、相対性を超えた存在である。事物も言語も、相互の区別（相対性）によって認識される。比較を通して相対化され区別されることで、あれは何々である、これは何々であると認識される。それは、絶え間なく変動し移りゆく存在化の働きを、何かとして固定することである。この固定化によって存在化の働きは隠れるが、この「隠れ」によって逆に私たちの認識は成立する。したがって、条件づけされえない存在化の働きそのものは、「神秘」（ghayb）や「神秘の神秘」（ghayb al-ghuyūb）と呼ばれる。超越の領域は、認識にとって「不可視」であり「隠れ」である。神の意識からも隠れている（同、六二頁）。何も映されていない鏡を思い浮かべてもらいたい。イブン・アラビーは、神の本体の絶対性が存在化しようとする意志を極限に高め、「息吹」として溢れさせる瞬間を捉える。

> ある程度の時間、息を止めると、胸に込められた空気が耐え難い苦しみを生み出すことは皆が経験する。ぎりぎりのところまで達し、もはや息を止めていられなくなると、内側にとどめられた空気が一度にすべて吐き出される。胸に溜まった息が強引に外に出ようとし、終には爆発的に噴出する。ひとの胸から空気が噴出するように、絶対者の深みに圧縮された存在が〈慈しみ〉の形態を帯びて絶対者から噴出する。これをイブン・アラビーは「〈慈しみあまねき者〉の息吹」(al-nafas al-raḥmānī) と呼ぶ。
> (上巻、一八三頁)

神の息吹とは、世界を存在させるために生命を人間に吹き込んだというセム的一神教の神話が元にある(ギリシア語ではプネウマ、ラテン語ではスピリトゥス)。イブン・アラビーの特徴は、神の息吹が人間や動物に限定されず、事物事象の全てに及ぶと捉える点である。しかもその息吹は神名と同定される(上巻、一八四頁)。

イブン・アラビーは、ありとあらゆる事物に究極の実在である神の働きを見るため、「存在」の意味連関にも、その思想が反映される。唯一絶対の超越的な神(絶対者)は世界に存在を与える「慈しみ」(raḥmah) として捉えられ、「自己顕現」(tağallī) する様子は、神の「息吹」として描かれる。神の構成要素である無数の名が、絶対者の根柢から様々な世界の像として流出していく。

このようにして、絶対神としての「存在」が自らを限定して現れ、限定された個物を人間は認識する。世界を存在化する神の行為は「慈しみ」つまり「愛」とされる。存在することも、存在しないことも含め、全て神が付与する。したがって、前章でも見た通り、イブン・アラビーの哲学では、自分や事物が存在し、世界が成立していることに対する感謝や讃美が信仰と同義となる（上巻、二六三頁）。

井筒は『スーフィズムと老荘思想』上巻でイブン・アラビーの「存在」をこのような意味連関として分析する。無限定の存在そのものは、認識能力にとって不可知であり、言語による記述は不可能である。ありのままに言語化しようとすれば概念は混乱する。イブン・アラビーの思想は、世界や経験を何か<u>と</u>い<u>い</u>、として言語化し認識し存在化する基盤に、絶対的なものが相対化する仕組みを捉える。井筒は、この絶対的なものから「慈しみの息吹」が湧出するという意味構造をもつ「存在」こそ、イブン・アラビーの思想と老荘思想をつなぐメタ言語になると考えた。老荘思想ではそれは「道」と呼ばれる。

存在、有、道

井筒は下巻で老荘思想の中心概念を分析し、イブン・アラビーのそれと同じ構成で意味が成り立つことを叙述する。その主な点を確認しよう。

『老子』と『荘子』はあらゆる事物事象の根源に「道」を捉える。それゆえに、道家思想と呼ばれる。「道」は伝統的に自然の摂理として解釈されるため、この概念は通常「存在」として捉えられることも、道家思想が存在主義であると理解されることもない。そもそも「存在」やそれに同等の語は現代の哲学用語であり、『老子』と『荘子』に登場しない。だが井筒は戦略的にイブン・アラビーに由来する「存在」を用いてこれらの思想を分析していく。『老子』『荘子』はともに、「存在」に近い意味の語として「有」を用いる。本来、この語は「何かがある」ことを意味する。井筒は『老子』第一章から次の文を引用し、訳を提示する。

無名天地之始、有名萬物之。
名無きは天地の始めなり。
名有るは万物の母なり。
（『老子』第一章）

〈名を欠くこと〉〔「無名」〕こそが〈天地〉の始まり。〈名づけられて在るもの〉〔有名〕こそは、万物の〈母〉。
（『スーフィズムと老荘思想』下巻、一四九頁）

老荘思想において、「有」は「万物の〈母〉」を意味する。井筒は、「有」を「永遠で際限のなき創造活動の原理としての絶対者」とも定義づける（下巻、一三九頁）。だが重要なのは、どちらの意味で理解しても、「有」は絶対者でありながら「名づけられてある」こと、すなわち「何かとして」、属性を割り当てられて存在する点だ。そのような限定を超えて、あらゆるものに存在を与え、それ

自身は限定されない事態を、老荘思想は「道」と呼ぶ。（下巻、一四一頁）
あらゆるものに「存在」を与える「創造活動の原理」を指す言葉としては、「道」がイブン・アラビーの「存在」概念と同様の意味構成を持つと捉えられる。ちょうどイブン・アラビーの存在一性論では、無限定の「存在」から神の息吹が噴出し、あらゆる原型が立ち現れて存在を付与するように、「道」は「衆妙之門」（「無数の不思議が出で来る門」）としてあらゆるものを出現させる（下巻、一五一頁）。井筒は「道」こそ「存在」に当たる概念と見なし、その鍵概念を軸に老荘思想を存在主義として捉え直していく。

『老子』第一章の二文は、実在（「道」）と言語（「名」）の関係から、老子と荘子に通底する存在一性の形而上学を表明する（下巻、一三三頁）[8]。

道可道　非常道
名可名　非常名
道の道とすべきは、常の道に非ず。
名の名とすべきは、常の名に非ず。

「道」という語で名指される「道」は、まことの〈道〉ではない。
「名」という語で名指される「名」は、まことの〈名〉ではない。

井筒は「道」を、名によってその「本質」を規定されていない存在の働きそのものを捉えようとする言葉と解釈することが分かる。また、それは名づけられ認識の対象となる個物のあり方とは異なる。その点で、「存在」概念の意味構成に対応する。

これに対して、存在主義に対立する本質主義は、本質の実在、すなわち「名」とそれに対応する客観的で不変の実在を主張する。井筒の説明では、本質主義では次のように考える。

全てのものに「本質」あるいは「何であるか性」が与えられており、各々が「本質」によって他のものとはっきりと区別されている。例えば、机は机であり、決して椅子ではない。机の上の本は「本質的」に本であり、「本質的」に机と違う別のものだ。（下巻、一〇二頁）

この「何であるか性」としての本質が実在すると考える立場が本質主義だ。古代中国では孔子など儒家の「正名論」が本質主義を代表する。『スーフィズムと老荘思想』では存在主義を主題とし、本質主義については詳述しない。先述したエラノス講演「老荘思想における絶対的なものと完全な人間」から、本質主義として「正名論」を取り上げる箇所（『東洋哲学の構造』）を引用する。[9] 正名論を代表する荀子の言葉である。

名無固宜、約之以命、約定俗成、謂之宜。異於約、則謂之不宜。名無固實、約之以命、約定俗成、謂之實。

ものに名がついていても、その名に必然性があるわけではなく、こう名づけようと約束しただけなのである。その約束が廣く受け入れられ習慣となって定着した時、命名には必然性があるように思えるのだ。約束なしに勝手に名をつけた場合、その名はただの恣意にすぎない。ものに名がついていても、その名に中身があるわけではなく、こう名づけようと約束しただけなのである。その約束が廣く受け入れられ習慣となって定着した時、中身があるように思えるのだ。

（『荀子』正名篇第二二）

荀子は事物をどう名づけるかに関して、必然性はなく習慣によって決まるという。しかし、その規定性は社会的な承認（「約定俗成」）を経なければならないと荀子は考える。人は言語を用いるとき、習慣化や制度化といった社会的な承認、すなわち言語の体制に従属しなければならない。

本質主義が前提とする規定性を存在主義は超出しようとする。禅は、言語がありのままの存在を規定する日常を打破しようとする。儒教的な社会から、禅が出現する背景には、このような反本質主義の態度が常にあった。井筒によれば、禅の修行がこの言語の制度的な機能から自由になることを目指すという。この文脈から見れば、井筒が後に禅をある種の存在主義に配することになる理由も理解できるだろう。しかし、メタ言語としての「存在」を軸にして読み直すなら、老荘思想は、禅よりもはるかにイブン・アラビーの世界観に対応する。それが如実に伝わるのは、イブン・アラビーが個別化される前の存在性すら超えた段階を「混乱」として表現する個所である。

「混乱」が生ずるのは、ひとのこころが分極するからだ（つまり、一方で〈一〉へ、他方で〈多〉へといった具合に正反対の二方向へと分極するからだ）。しかし（「開示」体験により）私がたったいま説明したことを知る者は、いかにさまざまなものが在ると知っても、もはや「混乱」に陥らない。なぜなら、そうした違いは場がもつ性質に由来するのであり、それぞれの場はものの永遠の原型そのものだ（と知るからだ）。絶対者は、永遠の原型の違い、つまり、自己顕現する際のさまざまな場の違いに応じてさまざまな形態を帯び、ひとが絶対者を捉える際の特定の側面がそれに応じて変化しゆく。事実、絶対者はこれらの側面の各々を受け容れ、これらの側面の各々が絶対者に帰属する。しかしながら、絶対者が（或る特定の自己顕現の形態を帯びて）己れを顕現せしめる場がなければ、何も絶対者に属性として帰属することはない。そしてこれがなければ（〈在る〉世界のなかには）何もない。

（『叡智の台座』イドリース章／上巻一二〇頁）

ここでイブン・アラビーは、社会的に承認された概念的な二項対立が、実在を相対的にしか伝えないことを指摘する。「ある／ない」「良い／悪い」「感情／論理」「内／外」「心／身」のような概念的な二項対立は、言語の論理的な機能の基となる。その点で、この機能は不可欠である。ところが、言語が事物事象を名づけることで概念と概念の関係性すなわち相対性によって実在が描かれる。それは絶対性をそのまま伝える記述ではない。そのように言語に依存する思考にとって、事物事象を名づけず、概念に依らずに実在を体験しようとすると「混乱」に陥る。なぜなら、ここでイブン・アラビーが指摘する「実在」とは、多様な場に応じて、変容する様であるからだ。「混乱」もまた「存在」の意味要素である。

これを譬えるなら、朝露に湿る花が花びらを広げ、夕方には花びらを閉じ、月光に浮かび夜露に濡れる、といった世界の変容を、私たちは「これは花である」「この花は咲いている」と性質ごとに分断して描くことに似ている。だがイブン・アラビーは、「この花」は全て「存在」を付与する絶対的な働きが、そのつどの状況で多様な形態を取り、変化する様であると見る。そのつど体験される「存在」は、とどまるところなく変容し続ける。それを「花」として限定するなら、花の普遍的な本質が固定化されるだろう。しかも、その語は、話者が属する時代に共有される意味構成で「存在」を「花」として規定する。そのような規定は、時間軸に沿って水平方向に性質を並べ連ねられる仕方でなされる。しかし、現実に経験される「存在」は、その瞬間瞬間に刻々と変容する。このことを描こうとするなら、概念的な思考は「存在が花する」と、現実の複雑さを「混乱」して表現することになるのだ。

老荘思想では、万物を存在させる唯一の根源としての「道」が絶対的「一」である。それは「これは何々である」「何々ではない」といった概念による本質確定を成し得ない。「存在」と同じく、「道」は刻々移り変わる事態と理解される。そのため、概念で特定することなく言語化しようとするなら、思考は「混乱」せざるをえない。真の実在は言語による秩序づけをすり抜け、本質の特定や同一性を言語に置き換えて伝えることができないという立場を老子と荘子はとる。

昔者荘周夢為胡蝶。栩栩然胡蝶也。自喩適志与。不知周也。俄然覚、則蘧蘧然周也。不知、周之夢為胡蝶与、胡蝶之夢為周与。周与胡蝶、則必有分矣。此之謂物化。

昔、荘周夢に胡蝶となる。栩栩《くく》然として胡蝶なり。自ら喩しみて志しに適えるかな。周たるを知らざるなり。俄にして覚むれば、則ち蘧々《きょきょ》然として周なり。知らず、周の夢に胡蝶と為れるか、胡蝶の夢に周と為れるかを。周と胡蝶とは、則ち必ず分《ぶん》有らん。此れを之れ物化と謂う。

かつて、私、荘周は蝶になった夢を見た。易々と思いのままに飛び回っており、確かに私は蝶だった。楽しくうきうきとして、私が周だとの意識はなかった。突然眼が覚めた。なんと、私は周だった。周は蝶になった夢を見たのか、それとも周になった夢を蝶が見たのか、どうして私にわかろうか。だが、周と蝶とのあいだに違いがあるのは否みがたい。この状況をものどもの変転（「物化」）と私は呼ぼう。

（『荘子』斉物論篇第二／下巻、三三頁）

ここで、老荘思想の存在主義は、荘子では「物化」として論じられている。これは、イブン・アラビーの「新しい創造」で記述される存在化に対応する。絶対的な存在付与の働きが「物」になるとは、絶え間なく様相が移り変わる実在が転変すること、「物化」（存在化）である。それは、「これ」こそ「私」だと見なす本質認定とは異なる。「これは何々である」という言明は、意味による限定が現実を堅固に固定的に捉える意識作用、すなわち対象化作用の結果である。本質や同一性《アイデンティティ》があって物（存在）が成り立つのではなく、生々流転の一部を固定して、物（存在）をX（本質や同一性）として認知する。井筒はこうまとめる。

> そして、「自我」とともに、自我が知覚し、考えを巡らせる対象もまたその自己同一性を失わざるをえず、原初の〈渾沌〉と前に呼んだ、相互に融合しあう状態へその対象が至らされねばならない。……主観的側面から見れば、もはや「己れ自身」として留まるものがなく、したがって「他」も在りえない、そうした意識状態である。それは全く新しい〈在る〉の秩序である。そこでは、意味論的限定という足枷から解き放たれたあらゆる存在者が互いに自由に姿を変える。これが荘子の言う〈ものどもの変転〉（「物化」）である。（下巻、三六頁）

井筒は老荘思想から、思考対象を固定化することを否定する観点を導く。これは、老荘思想が思考の偶像化を否定するとも理解できる。この点でもイブン・アラビーの思考と対応する。名づけることが不可能な水準として「道」は事物事象の物化＝存在化の源になる。その存在化は万物に行き渡り、「徳」という慈しみの働きで万物を養育し存立させる（下巻、第八章）。荘子では、存在界の全てに「音」を奏でさせる「風」が吹き渡ることで、存在が現実化し、それぞれの独自性あるいは自我、自己同一性が引き起こされる（下巻、第六章）。

5　「存在が花する」のメタ哲学へ向けて

現実とは、絶え間ない存在化の働きであり、あらゆる物が固定化されることはない。言語は認識を可能にするために、そのような存在を仮留めする。しかし、私たちはその仮留めが永遠不変の「本質」であるかのように思い込む。だが、イブン・アラビーや荘子は「本質」という対象をそのものたらしめる性質とは、人間が認識するたびに引き起こされる個体化としての物化（存在化）だと考える。

そのような存在主義のあり方を表現するため、井筒は「存在が花する」というメタ言語を提示する。井筒の読者にはよく知られたこの一節は、一九八〇年に出版された『イスラーム哲学の原像』第一部「イスラーム哲学の原点——神秘主義的主体性のコギト」（全集第五巻所収）に登場する。例えば、私が今、目の前に「花」を経験するとき、私はこの経験が自分以外の全存在に依存することを自覚する。ちょうどゾシマが「罪」の観念を了解した瞬間、全世界を覆う愛を自覚したように（本書第二章）。「花」という語を発するには、それ以外の全ての共時的で連関的な意味のネットワークが隠れ、この語を下支えする。これはここまで明らかにしてきた井筒の言語観である。他の全ての意味要素が隠れることで、「花」という意味が成り立つ。「存在が花する」の「存在」は、認識から隠れる全ての要素であり、その全てを基盤として「花」が個体化されることを示す。メタ言語としての「存在が花する」は、イブン・アラビーにおいては「新たな創造」を、荘子においては「物化」を、さらに、仏教では華厳の世界観を体現する（第五章）。絶対無限定な存在を叙述するためには、このような通常の言語とは異なる次元の、哲学的メタ言語が必要となる（全集第五巻、四九五―四九六頁）。このメタ言語によって、井筒は異なる言語で記されてきた、様々な世界観を共時的に構造化し、分析しようとしたのだ。

意味のネットワークを通して読解すると、歴史的・地理的に直接関わらない老荘思想とイブン・アラビーの思想は、世界観の基本構造を共有する、同型の思想であると捉え直すことが可能になる。老荘思想の「道」は「存在」の意味を含み、イブン・アラビーにおける「真理」と正確に対応する。それにもかかわらず、井筒は「道」を老荘思想とイブン・アラビーの思想に共通するメタ言語に採用することは難しいと指摘する（下巻、二六三頁）。なぜなら「道」は「存在」よりはるかに多様な意味構成をもち、より多くの具体的な像を心に喚起するからだ。そのため、抽象度の極めて高い「存在」の代わりに「道」を用いるなら、イブン・アラビー思想の分析に矛盾を引き起こしかねない。だから井筒は「存在」をメタ言語として採用した。

このようなメタ言語の構築は、無関係だとか相反すると思われる異文化同士が、根底で通じ合う可能性を示してくれる。そこには、人類に普遍の存在体験の感覚を基盤に、対話が成り立つはずだという理念を見出すことも可能だろう。井筒は「存在」のメタ言語化に続いて、「存在」と鋭く対立する「本質」のメタ言語化に向かう。

人間知性は、全ての事物事象を「本質」でもって認識する。例えば、『意識と本質』は、ソクラテスが事物事象の本質を定義することから哲学は始まる、と説き起こす。井筒はソクラテスやプラトンらのギリシア哲学が本質主義、本質実在論に当たることを示しながら、現代に至るまでの西洋哲学における「本質」の概念を検討する。このように「本質」を実在であるとする思想潮流に対して、『スーフィズムと老荘思想』では「存在」こそ実在であるとする思想潮流を取り上げる。この思想的対立はアジアに固有のものではない。古代ギリシアに発した「存在」をめぐる考察は、イスラーム世界では「存在」とは実在か概念かを問う議論として引き継がれた。この議論は、スコラ哲学において「普遍論争」として豊穣な議論を巻き起こした。

この「普遍論争」の観点から見るなら、古代ギリシア哲学、アラビア哲学、スコラ哲学は、直接的な影響関係にあり、問題意識や概念を共有していた。だからこそ「西洋哲学」として統一的な議論の空間を形成できた。この論争空間を「東洋思想」において人為的に再現するために必要だったのが、「存在」のメタ言語だった。それによって井筒は、イブン・アラビーの思想と老荘思想の世界観を、「存在」を実在と見なして、「本質」を概念とする思想類型に分類する。「存在」をメタ言語として定立できるならば、「本質」も同様にメタ言語化できるはずだ。この問題は『意識と本質』の意義を問う次章で扱う。

本章の冒頭で見たように、『スーフィズムと老荘思想』が執筆された一九五〇年代は、旧ソビエト連邦とアメリカの冷戦が続き、五〇〜五三年には朝鮮戦争、五六年には中東戦争が起こるなど、人類の衝突の危機を抱えていた。二〇世紀が経験した世界大戦やその後の冷戦、紛争は、アメリカの国際政治学者サミュエル・P・ハンティントンによって「文明の衝突」と呼ばれる。ハンティントンは、ドイツの社会学者マックス・ウェーバーやアメリカの科学哲学者トーマス・クーン、イギリスの歴史家アーノルド・J・トインビーらから文化の枠組みの観念を引き継いだ。言語や文化、歴史が異なると、思考の枠組みが異なる。異なる枠組み同士の対話は、基盤の共有がなされないため、誤解や無理解、価値観の対立によって衝突へと展開する。このように考えるのが、言語や文化の相対主義である。井筒は、同じ危機感を抱き共鳴しつつも、あえて文明間の相対性を超克する可能性を『スーフィズムと老荘思想』で打ち出そうとしたと考えられる。

井筒は異文化を比較考証するために、相対主義と見なされがちだが、普遍主義を否定するわけではない。彼が批判するのは、文化を一様に眺め、均一化する態度であり、文化を相対化して理解するわけではない。「相互理解は不可能である」とする相対主義的な言語観を、誰よりも切実に乗り越えようとした哲学者だと言える。

例えば、「善」「徳」「忘恩」「雪」「白」「渋い」「熱い」などの語は、様々な言語に共通に見られる。これが「言語的普遍者」である。だが、たとえそれらが多くの言語文化に共通して存在していても、それだけで対話ができるわけではない。なぜなら下意識に潜在する意味構成は文化や個人の間で異なるからだ。表層的には普遍的に見えようとも、その語から喚起される世界や思考は通底していない。異文化間の対話を実践するには、下意識をも共有できるようになるような基盤を作る必要がある。だが、そんなことは果たして可能なのだろうか。井筒は「メタ言語」の構築にその可能性を見出している。

異文化間で、「現実」の言語分節が、外面的には全く相互に覆い合うというようなことが仮にあったとしても、それを直ちに文化的普遍者の実在と見做していいかどうかも問題である。ソシュールの言うように、ある一つの語の意味は、同じ言語の他のすべての語の意味と相関関係においてのみ決まるのであってみれば、二つの違う言語に共通する全く同じ分節領域（意味領域）というものは、人為的メタ言語の場合は別として、絶対にありえない道理である。

（「文化と言語アラヤ識」全集第八巻、一五八頁）

様々な自然言語から共通の語を可能な限り集めても、それらが個別言語の違いを超えて、統一的な世界観を構成していると前提することはできない。いくら言語間に共通項が見出されても、それは普遍性を保証することにならない、と井筒は強く否定する。そこで井筒は、相対主義を乗り越える理論を実験的に提示するため、『スーフィズムと老荘思想』という大規模なメタ言語構築のプロジェクトを行ったのである。

『スーフィズムと老荘思想』の出版に続けて一九六九年に発表された論文「ワフダト・ウジュードの分析——東洋哲学のメタ哲学に向けて」ではメタ哲学へと展開する。イブン・アラビーの思想をメタ哲学として捉え直し、老荘思想だけでなく大乗仏教やシャンカラ思想をも射程に入れ、存在のあり方を叙述する。メタ言語「存在が花する」は、反本質主義が存在主義の核心であることを明らかにしてくれる。ここまで繰り返し見てきた通り、イブン・アラビーの思想は、真の主語として実在するのは「存在」であり、「花」は究極的な実体を様々に限定する性質に当たる（『存在の概念と実在性』六二頁）。このようにメタ言語化を通じて読み直すことで、老荘思想や大乗仏教、シャンカラ思想に代表される東洋思想は、「存在が花する」と捉える存在主義として解釈できるようになるのだ。そこには、日本の美学も射程に含まれる。和歌といった非哲学的な言語行為にも哲学の可能性を発見するのが、井筒の哲学的意味論である。それは、自己探究と「対話の哲学」へと展開していく。

第四章　存在零度《ゼロ・ポイント》の「眺め」
——本質主義を解体する存在の哲学

1　『意識と本質』をどう読むか

井筒俊彦は、『スーフィズムと老荘思想』（一九六六・六七年）と『意識と本質』（一九八三年）という主著の刊行の間に大きな転機を経験している。一九六九年にイランの首都テヘランに支部があるマギル大学に正式に教授として迎えられてから、七九年にイラン革命が勃発し、日本に帰国するまでの一〇年間、井筒はイランを拠点に活動する。この間イラン人やアメリカ人の教え子にイブン・アラビーの『叡智の台座』を教授し、『老子』を英訳するなど、『スーフィズムと老荘思想』を土台にして思索をさらに重ね、東洋哲学の「共時的構造化」を準備していた。その成果は、帰国後に日本語で発表した代表作に結実し[1]、八〇年六月には、岩波書店の雑誌『思想』で「意識と本質」の連載を開始する。連載は当初、二回で終了する予定だったが、八二年二月まで全八回にわたって続けられた。一九八三年一月には単行本『意識と本質――精神的東洋を索めて』が岩波書店から刊行され、晩年唯一の長編著作となった。初版刊行から四〇年目を迎える現在もなお、哲学の名著として読み継がれており、外国語への翻訳・刊行も進められている。

『意識と本質』で井筒は、西洋哲学が「本質とは何か」をめぐって議論を展開してきた歴史を雛形として、東洋における伝統的な種々の思想における本質論を取り集める。西洋哲学とは異なり、東洋の本質論は、別々の伝統や文化の中で議論を積み重ねてきたために、統一体としての思想潮流を生み出すことはなかった。そこで井筒は、西洋哲学と同等の有機的な構造をもつ「東洋哲学」を構築しようとしたのだ。一九八〇年五月に出版された『イスラーム哲学の原像』で井筒は帰国後の哲学的プロジェクトの目的と構想を次のように明かしている。

一見、一つに纏めようもないほど錯綜する東洋哲学のさまざまな伝統的形態を通じて、その底に生きて働いている幾つかの根源的理念の共通した流れがある。それを手がかりにして、われわれは、有機的統一性とまではいえないにしても、少なくとも全体を貫通する何本かの基本的構造線を引くことができるのではないか。そしてもしそれができるなら、さらにその先に、有機的構造をもった新しい東洋哲学を、一種の東洋的メタ哲学、つまり次元を一つ引き上げた東洋哲学、として作り出すことも、可能になってくるのではないか、と考えます。

（『イスラーム哲学の原像』全集第五巻、五一三―五一四頁）

二千年を超える伝統をもつ東洋の思想が、本質をめぐって互いに論陣を張り、豊かな対話を交わす。その対話の場に集うのは、古代中国の老荘思想や儒教、インドの諸哲学や仏教、イスラーム、ユダヤ教、あるいは日本思想などである。井筒はたった一人で、広大な東洋に興ったこれらの思想に取り組み、整合的な思索のテクストを紡ぎ出そうとする。

『意識と本質』は井筒の哲学的営為の頂点であり、集大成であることに誰も異存はないだろう。だが、それと同時に、射程や内容が壮大かつ複雑であるがゆえに、この書に対する統一的な解釈や評価はまだなされていない。そこで、本章では、ここまで論じてきた言語論の視点から『意識と本質』を読解してみたい。

「普遍的本質」と「これ性」

『意識と本質』が構想する東洋思想の共時的構造化とは、どういうものであろうか。単に老荘思想や儒教、インドのヴェーダーンタ哲学や仏教、イスラームやユダヤ教など、互いに無関係の諸思想を比較し、共通する理念を取り出すだけでは、有機的な統一性を達成できない。さらに、『意識と本質』は、「本質」の実在性を肯定する立場と否定する立場とを一つの構造に組み込もうとする。だが、相反する思想を一つの射程に含むと、整合的な体系を目指すはずの「東洋哲学」の内部に、食い違いが生じるのではないだろうか。そもそも本質に当たる語が様々な対象を指すように思える。

井筒はこういった問題を解消するために、イスラーム思想史における本質概念の区分である「マーヒーヤ」と「フウィーヤ」を導入する。前章でも触れたマーヒーヤは「普遍的本質」を指し、「これは何であるか」を抽象名詞にした用語であり、「何性」と訳すことができる。フウィーヤは「それ」や「彼」を意味する指示詞を抽象名詞にしたもので、井筒は「このもの性」と訳すが、「それ性」「これ性」とも訳しうる。フウィーヤは、ある事物をその事物たらしめる個性であり、「個体的本質」を指す。

この区分に基づき「普遍的本質《マーヒーヤ》」を軸に東洋の諸思想を眺望すると、それぞれの思想が実在を、「言語的普遍者」（概念）として認知するか、「元型」として認知するかによって、類型化することが可能になる。例えば、前者にはインド思想や古代儒教における「名」の概念が当てはまり、後者には華厳仏教の「理」の概念や密教のマンダラ、イブン・アラビーの「有無中道の実在」（前章第二節）が提示する事物の本体に当てはまる。このようにして、普遍的本質をめぐる議論としての「東洋哲学」を切り拓くことを井筒は実践してみせるのだ。

東洋の古典思想では、今言及したような本質が実在することを肯定する立場と禅のように否定する立場が、相異なる「本質」の概念を提示する。前章では、井筒がイブン・アラビーの「存在」概念をメタ言語化する過程を詳述した。『意識と本質』で井筒はそれをさらに拡大し、イブン・アラビーの「存在一性」の思想構造をメタ哲学として用いる（『存在の概念と実在性』五八—五九頁）。メタ哲学とは、ある思想体系を記述する際に用いる、その体系には属さない新たな概念体系を指す。

「存在一性」を軸に読み直すことで、東洋の相反する諸思想や同型の思想を統一的な構造へ編成することができると井筒は考えたのだ。

存在零度《ゼロ・ポイント》としての無分節

「存在一性」とは、「存在《ウジュード》」こそ実在であり、一つであると捉えるイブン・アラビーの思想の根源的ヴィジョンである。その思想構造は次のような流出過程として言語化される。

> イブン・アラビーの形而上学的ヴィジョンにおいては、われわれの世界はゼロ・ポイントにおける存在、つまり存在零度の絶対無限定者が、「有無中道の実在」と称する根源的アーキタイプの柔軟に変転する鋳型を通って、つまりイスラーム的にいいますと、神の意識の内部分節を通過することによって、つぎつぎに自己限定を重ねながら、あたかも大海の岸辺に打ち寄せる波のようにつぎからつぎに、一瞬ごとに新しく立ち現れてくるダイナミックな存在の自己顕現、タジャッリーの絶えることのない永遠の過程として理解されるのであります。始めから終わりまで終始一貫して「存在」と呼ばれる宇宙的エネルギーの自己顕現のシステム、それが「存在一性論」という名称で世に知られるイブン・アラビーの神秘主義的哲学であります。
>
> （『イスラーム哲学の原像』全集第五巻、五〇九頁）

ここでは、前章で神名や元型的本質とした神の自意識に映し出される現象が、根源的アーキタイプと呼ばれ、その流出が、浜辺に打ち寄せる波の一つ一つの飛沫のように意識に立ち現れては消えていく存在化の運動として示されている。存在という「大海」の汀《みぎわ》（感覚の先端）に立つ私たちは、光や風や香り、音や情動などの無数の内的感覚を毎瞬経験している。水面に眼を凝らすと、絶えずうねりを上げ、無数の水滴を生き生きと躍らせては融合するように存在は動的な様態を見せるが、日常意識は水滴に焦点を当てない。[2] 人間を含むあらゆる波飛沫《なみしぶき》としての個物は、自分を包み込む全てである大海原《おおうなばら》に依存する。そのことを忘却する個々の飛沫は、自分はあれでもこれでもない、と他の飛沫に対する否定を通して自己同一性を確立する。『神秘哲学』は、存在そのものの体験を主客未分として、すなわち「無」の経験として表現する。

およそ存在するものはすべて無を契機として含んでおり、あらゆる存在者の根柢には必ず無がひそんでいる。何かが有るということは、すなわち無いということでもある。我々の経験の圏中に入って来るもので絶対的に有りといい得るものはなく、あらゆるものは無の絶壁上に懸けられた危く脆い存在である。人は自己の、そして自己以外の万物の存在が含むこの無の契機にたいして言いしれぬ不安を抱き、万物を呑下しようとする暗冥の深淵を時として覗き込んでいまさらのごとく慄然とする。意識なく自覚ない諸々の事物は、己が存在の基底にひそむ無の契機を知ることなく、ただ端的に無を抱きつつそこに在るだけであるが、自己の存在性を意識する自覚的存在者としての人間は、ほかならぬ我と我が身に於いて、直ちに万物の存在が包蔵する無の深底を自覚するのである。

（『神秘哲学』全集第二巻、四〇頁）

「あらゆる存在者の根柢には必ず無がひそんでいる」とは、全ての有を飲み込む無が存在の根拠として働くことを意味する。そこでは個別の現実存在を区別する心による差異化が働いておらず、個物の自己同一性が成立しない。だが、現実に存在する個物は、他者との比較や相対化によって自己の同一性を確保する姿で人の心に映じる。個物は、自分が「他者のどれでもない」という否定によって自己自身を存立させる。しかし真相は、個物が単独で存立することはなく、無数の出来事に支えられている。根拠をどこまで遡ろうとも、自己の固有性に至ることができない。その無限の深淵を自覚して人は戦慄する。このように同一律で規定されない個物の現実、すなわち「このもの性《フウィーヤ》」を、井筒は様々な著作の中で、無の深淵や絶対無、「存在零度《ゼロ・ポイント》の絶対無限定者」と呼ぶ（以下では、「存在のゼロ・ポイント」という用語も用いる）。

個物を特定の性質で規定し、「普遍的本質《マーヒーヤ》」によって概念化し、何かとして意味化すると、「存在一性」のリアリティは捨象される。個物を肯定文で表現しようと（私はAである）、否定文で表現しようと（私はBではない）、自己同一性の原理は相互依存の現実を隠してしまう。だが、相互依存によって存立することを自覚すれば、自己があらゆる存在の現れだという可能性が拓かれる。あらゆる事物が、無限に述語づけ（属性づけ）可能な現れであるなら、そこには意味の規定性を超える可能性がある。すなわち、自己同一性を支えるために他者を否定せず、絶対的な肯定性として無限の可能性に開かれる根拠がある、と言える。

井筒は、このような意味での「無」の中に純粋な自由を見出した。井筒が考える絶対無あるいは無分節とは、全ての個物があらゆる他者の無化の上に存立することである。そのことを自覚することによって自己もまた無化される。それゆえ、あらゆる個物は無限の言語化に開かれている。だがこの事実は、私たちの日常意識からは完全に隠れている。存在零度《ゼロ・ポイント》としての絶対無はこのようなあらゆる可能性としての自由を指すと理解できる。そこにこそ『意識と本質』の意義がある。意識は経験を「世界」として構成して固定化する。井筒はその固定性を解体し、そのつど世界と対話して新たな視野を獲得しようとする。自由の探究とは、この意味で自己の探究となる。

2 「存在一性」——共時的構造の基礎

あらゆる物の差異性を無化することが、立ちどころに全存在の自由な現れを可能にするという理解のもと、井筒はイブン・アラビーの存在一性論を捉える。その基盤には、今引用した『神秘哲学』の無底の思考がある。その上で、井筒は存在一性論が自身の言語論と通じ合うことも晩年に指摘する（『意識の形而上学』全集第一〇巻、五〇〇頁）。この二人が問題とするのは、意味（すなわち本質）の実体化である。それは『言語と呪術』が明らかにした通り（本書第一章）、言語獲得の段階で「心」

「魂」「精神」「意識」といった語を学び、繰り返し用いることで、あたかもその語に対応する対象が言語の外に存在するかのように思い込むことを指す。井筒はこの意味の実体化を超克しようとして思索を展開する。その試みを、本章は「眺めの技法」に探る。だがその前に、井筒がイブン・アラビーの思想をメタ哲学へと転換し、存在の自己顕現のシステムとして構築することを確認する。その出発点には井筒独自の表現「存在が花する」によって示される直観があり、それが「東洋哲学」の構築を支えることを明らかにする。

「存在が花する」の構造

イブン・アラビーは、日常レベル（次節で論じる経験的「多者の世界」）で言葉の意味といった実用的な本質の機能を認めながら、本質を実体視させない働き（絶対無）を実現しようとする。その仕組みが働くとき、「花が存在する」という一般的ヴィジョンは井筒の表現によると「存在が花する」へと転換する。この転換が『意識と本質』を読解する鍵だと考える。

「その花は白い」と「その花は存在する」はいずれも、世界の経験を記述するものとして捉えられるだろう。だが井筒は、この二つの命題は根本から異なると考える。言語の形式と世界の形式が「その花は白い」では一致するが、「その花が存在する」では一致しないからだ。「Xが存在する」の形式では、個物が主語に置かれ、その属性（白）が述語として付加される。その花が白くなく、赤だとしても、花であることに変わりはない。よって花が実体（主語）であり、白が付随的な属性

（述語）である。この現実の構造に「その花は白い」の文は対応する。だが存在に関する「その花が存在する」の文は現実の構造に対応しない、と井筒は考える。花でも鳥でも、それら個物が存在するという事実そのものがリアリティなのである。したがって、存在することこそ全ての個物にとって、何にも代え難い実体である。にもかかわらず、「その花が存在する」の形式では、実体が属性を説明するための述語として付加され、現実の構造を逆転させる。そこで井筒は真のリアリティ（存在そのもの、経験そのもの）を主語に置き、それが属性（述語）によって説明される構造に転換する。

真の究極的な主語は「存在」です。一方、花――この場合には他のいわゆる事物ならば何でもよい――は、「存在」たる永遠で究極的な「主語」をさまざまに限定する性質や属性に他なりません。文法的には、例えば「花」は名詞ですが、形而上学的には形容詞です。いわゆる事物は全て本性的に形容詞ないし形容詞的であり、「存在」と呼ばれる唯一の実在を変容させ性質づけているのです。

（『存在の概念と実在性』六二頁）

目の前の「何」かを経験し、それが志向される瞬間、まだ何ら限定を受けないリアリティはあらゆる物の見方、述語づけに開かれている。そのリアリティを花や桜などと名指し（分節）する。この名指しは、リアリティがどう志向されて立ち現れるのか、どう見えるのか、どんな属性であるのかを示す。この直観のまま言語に移すなら、存在が主語となり、その属性を表示する述語が付加される文構造「存在がXする」こそ現実の構造に対応する文構造と言えるはずだ。これは、経験される眼前のリアリティを「花」として形容し属性づける文である。この文は、述語が「～する」という動詞形である。「存在」が主語、すなわち動作主であり、他の全ての個物をその動的な現れ（属性）で示す。なぜなら、現実は絶え間なく移りゆく動的な出来事であるからだ。井筒によれば、イブン・アラビーの思想「存在一性論」はこの感覚を言語化する。

「存在一性論」（waḥdat al-wujūd）とは、「存在」を唯一絶対の真実在とし、「本質」を無とする立場なのである。例えばいま眼前に咲いている花を花として見るのは妄念の働きにすぎない。本当は、花を花として見るべきではなく、花を「存在」の特殊な限定的顕現形態として見るべきなのだ。つまり花という現われの形のかげにひそむ唯一の真実在、「存在」の姿をそこに見なければならないのである。

（『意識と本質』全集第六巻、二七頁）

「存在」が主体であり、「花」がその属性であり、限定的な形態であるというヴィジョンは、『意識と本質』に通底する。井筒は、時々刻々と変容する存在の流動的な現実に照らし合わせて、何か（X）を本質（「花」）として固定化する心の働きを提示するのだ。この過程を明らかにすることで、無数の経験を出現させる存在の大海原の動き、つまり「花」という現れを可能にする「存在」そのものを目睹すべきである、と井筒は考える。その自覚を得たことで、ゾシマは、全宇宙に支えられているという実感した（第二章）。個物が全存在に支えられているという自覚は、イブン・アラビーでは絶対者の自己顕現の自覚として描かれる。個物は、全存在が関与する力動的な出来事の連続と見なされる。

私たちの意識は、意味という媒介を自覚しない。だから、「これ（存在）は花としてある」と認識することもない。その代わりに、「これ（花）は花である」と同一性で捉える。意味が（花として）媒介していることを意識することで、無限定の存在そのものが個体化する「出来事」が経験の事実《リアリティ》であることが見えてくる。人間の意識は、この意味化のプロセスに無自覚であるため、この「出来事」にアイデンティティ（本質）を見出すのだ。この本質規定を段階構造で捉えることで、リアリティが何かとして意味化される仕組みを「意識」の問題として明確にしていこう。

下意識と意味の実体化

絶対無限定の存在零度《ゼロ・ポイント》におけるリアリティがどのように意識に現れてくるのかを、イブン・アラビーは流出論的に描いた。その理解に基づいて、井筒は『イスラーム哲学の原像』で意識がどう存在を捉えるかを三段階で図示する。図1は、「存在」が絶対無の存在零度《ゼロ・ポイント》（アハド）から発出し、世界を構成する個物として経験されるまでの階梯を示す。

① 三角形の頂点である「絶対的一者《アハド》」（aḥad）は、存在の起点《ゼロ・ポイント》である（「アハド」は元来、「一」

を意味する）。この瞬間、意識は絶対性において現象を捉えるため、相対的な多性（経験世界）は完全に隠れている。アハドは、全事物の有を内含し、そこでは事物の区別が完全に「非顕現《ガイブ》」（ghayb）である。自己と他者を分けて認識する日常意識からすれば、アハドは存在でありながら、個体を智解するための縁《よすが》すらないため、絶対無と表現される。「慈愛の息吹」や「神の自意識」（前章参照）すら発動せず、いかなる名で呼ぶことも、形容することもできない。それはまさに先に引いた『神秘哲学』の一節で描かれた主客未分の体験である。言語論の視点から捉え直すなら、この地点は、あらゆる可能態としての意味が無限定に宿る段階、すなわち「意味の絶対無」とでも呼ぶべき段階である。これは、存在が意味化される前提条件であり、レヴィナスであれば、「超越」や「外部」、あるいは「無限」として語るだろう。

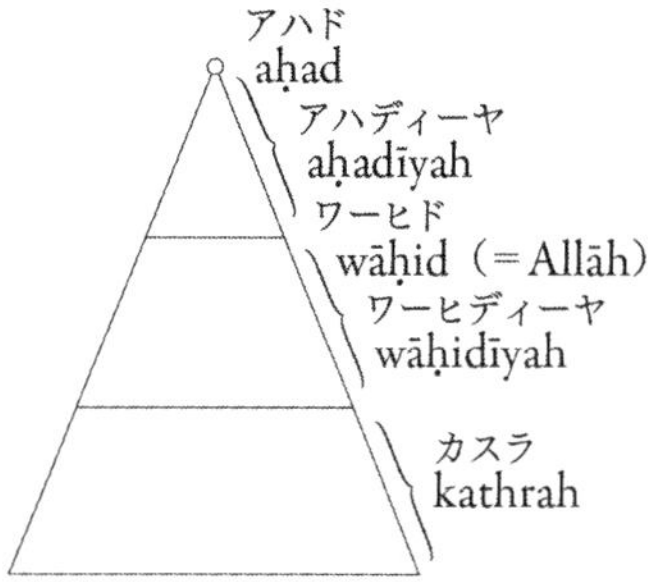

図1　イブン・アラビーの存在の三層モデル（全集第5巻、502頁）

②　このアハドから底辺に向かって「絶対的一者性《アハディーヤ》」（aḥadīyah）が成立する。これは、漲溢する知性であり、日常的な知性への矮小化、つまり現実化が生じる兆しと見なされる。この段階では、わずかに知性自体が出現する。だが、意識する自己と意識される自己という明瞭な差異化はまだない。だが、確実に有に転じていく予兆として措定できる。

③　意識する自己と意識される自己へと差異化する転換点が、「統合的一者《ワーヒド》」(wāḥid)の現れである。神であろうと人であろうと、認識(物事の差異化)のためには、「自己」の認識が必要である。宗教的次元では、唯一性としての神《アッラー》の顕現である。ここでは、自己そのもの以外は意識されず、自己の差異化も他者の対象化も生じない。

④　次の段階では、自意識としての「統合的一者性《ワーヒディーヤ》」(wāḥidīyah)が流出する。自己意識の内部構造(自己の諸属性)が自らに露わとなるのがこの段階である。宗教的次元では、神が自己を内なる鏡に映して、自己の無限なる属性を自己に明らかにし、自己を差異化する。内向きには神の諸属性(神名)の意識、すなわち世界の構造的な元型である「有無中道の実在」が現れる。神名は、意識が世界の構造を認識するための条件(可能的な意味の全て)であり、言語アラヤ識に貯蔵される意味の可能性に当たる。これを井筒は、文化的な限定を受けた元型イマージュとして展開する。他者の対象化は生じていない。

⑤　底辺の層をなすのが「多者の世界《カスラ》」(kathrah)である。統合的一者性が言語的普遍者(概念)として機能し、経験が意味として意識に与えられる。一者が④における属性の多様化を経て、それぞれの多性が属性によって規定されて、個体化される。

簡潔に纏めるなら、存在零度《ゼロ・ポイント》から発出し、段階的な転換を経て引き起こされる三層の意識が②「絶対的一者性《アハディーヤ》」、④「統合的一者性《ワーヒディーヤ》」、⑤「多者の世界《カスラ》」である。井筒はこのモデルを用いて、東洋思想を分類する。後述する通り、本質の「第一の型」は、①の存在零度と⑤の「多者の世界」の両極を舞台とし、「第二の型」は⑤の「多者の世界」に転じる直前に機能し、「第三の型」は「多者の世界」においてのみ作動する。これらの意識の諸相は日常的意識の中では隠れて機能する。通常、人は⑤の「多者の世界」をリアルな世界として固定的に捉える。それに対し、神秘主義者は修行を積むことで、一者と多者（正確には①から⑤まで）を同時に眺望できるとイブン・アラビーは考える。だが、井筒は詩的言語の領域でも、これが可能であると考えていたように思われる。そのことは禅と和歌が示す「眺めの技法」として後述したい（第4・5節）。

3　東洋の本質論と流出論

意識構造モデルと本質論

井筒はイブン・アラビーによる意識の三層モデルを、「意識の構造モデル」として『意識と本質』に導入する（図2）。一見して分かる通り、この図は図1の意識＝存在の三層モデルを倒立させ、表層意識が上層に来るモデルへと作り変えたものだ。イブン・アラビーは、存在が心に現れる階梯を示すのに対し、井筒は、意識が存在をどう捉えるかを図式化する。[3] したがって、存在のゼロ・ポイントが今度は意識のゼロ・ポイントとして置き換えられる。意識のゼロ・ポイントは無意識ではない。それは、存在のゼロ・ポイントが無限定の十全な存在であるように、無規定という十全な自由

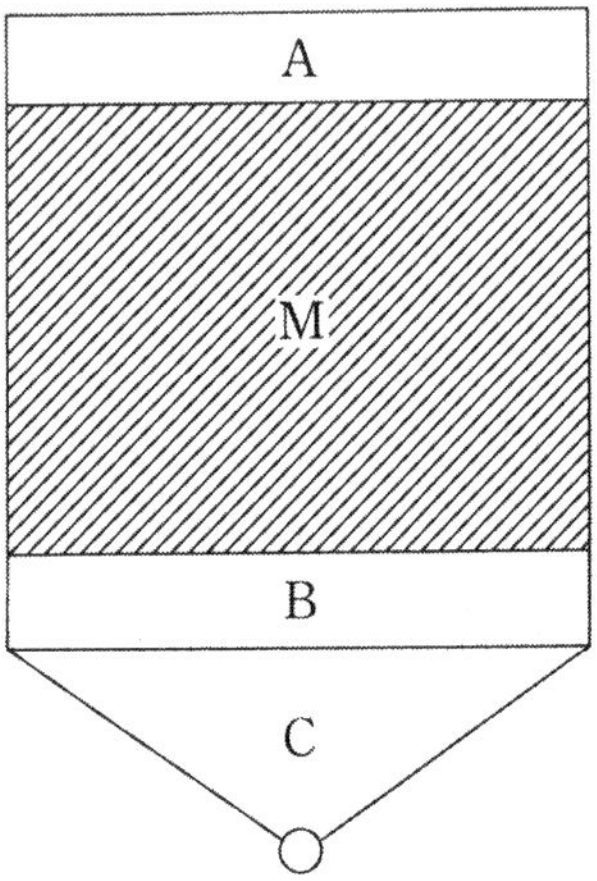

図2　意識の構造モデル
（全集第6巻、206頁）

さが実現される場と言うことができるだろう。

この図では、意識のゼロ・ポイント（図1の①）が最下の点にくる。その上のC（図1の②）は無意識の領域とされる。意識のゼロ・ポイントからBの「言語アラヤ識」の領域に近づくにつれて、次第に意味化への胎動が見られるようになる。井筒はこの深層意識における意味化の場所としての「言語アラヤ識」（図1の④）を次のように説明する。

唯識哲学の考えを借りて、私はこれを、意味的「種子」が「種子」特有の潜勢性において隠在する場所として表象する。大体において、ユングのいわゆる集団的無意識あるいは文化的無意識の領域に該当し、「元型」成立の場所である。

（『意識と本質』全集第六巻、二〇六頁）

仏教の唯識説によると、言語的であれ非言語的であれ、あらゆる経験は可能的な「意味」となってアラヤ識に沈殿するという。これらの意味は、その言語特有の文化や歴史を有するため、アラヤ識の働きも言語文化ごとに枠づけられる。そのため井筒は、「元型《アーキタイプ》は文化に依存する」というユングの発想を受容し、意味の潜勢態を「元型」として捉える（後述の第二の型）。ただし、それは無意識に留まるため、普段は意識されることはない。

文化的な限定を受ける意味の潜勢態は、B領域から中間領域（M）へと流出する。この中間領域は、「言語アラヤ識」に由来する「元型」が、イマージュとして機能し、指示対象が生き生きと経験される場である（図1の④に当たる）。この機能によって、あらゆる種類の経験は象徴となり、世界も象徴的世界として体験される（啓示現象はMを中心に生じる）。例えば、非実在の対象を想像することが可能なのはこの領域においてだ。この元型としてのイマージュは、経験界の現実の事態に即応して生じ、直接に表層意識（A領域）に上昇し、そこで事物の「知覚的認知」を誘発するという。井筒が描き出す意識の各階層は、全て言語の諸階層と関連づけて分類されている。意識のレベルの違いは、意味のあり方の違いとして捉えられる。以降では、そのようにして分類される東洋思想における三つの本質の型を図1を参照しながら明確にしていこう。

第一の型――「理」としての本質

本質肯定論の第一の型は、意識のゼロ・ポイントと「感覚的な経験世界」（図2のA）における本質（言語的普遍者、概念）の両方をリアリティとする（図1の①と⑤）。この類型では、意識のゼロ・ポイントにおいて人は物の普遍的本質を把捉し、その物を規定するとされる。その典型として井筒は、中国の宋時代（九六〇―一二七九）の朱子学や明時代（一三六八―一六四四）の陽明学といった新しい儒教（宋明理学）を挙げ、特に朱子学に着目する。朱熹（一一三〇―一二〇〇）はあらゆる「物」がもつ存在根拠や法則性、役割を「理」と呼ぶ。[4]「物」は、意識の対象になる全てのことを指し、人間関係もそこに含まれる。宋明の理学は、事物事象から概念までの「理」を窮め、感得しようとする。[5]

「窮理」修道の初段階にいる学人には、己れの求める「理」の形而上的側面はほとんど――あるいは、きわめて漠然とした、歪んだ形でしか――見えていない。だが、形而下的側面だけは、そのつもりになって努力しさえすれば、はっきり見える。形而下的側面における「理」は相対的な、質料的に特殊化され限定された「理」であって、その限りにおいて理性の省察に向って開かれているからである。それを唯一の手掛りにして、「窮理」の道に学人は踏み入る。個々の事物の「理」の形而下的側面を窮めつつ、彼はそれらの「理」の形而上的側面に次第に迫っていく。そして最後に、個々の「理」の形而上性を越えて、その彼方に、それらすべてを統合する至極の「理」、すなわち「太極」、の純粋無雑な形而上性を見る。それが「脱然貫通」である。
（全集第六巻、九二頁）

個別の事物をそのものたらしめる本質としての「質料的に特殊化され限定された「理」」は、個体的本質《フウィーヤ》ではなく普遍的本質《マーヒーヤ》とされる。その本質を正確に見抜くことで、あらゆる個物に貫通する真に普遍的・統合的で純粋な「理」に至ることができる。この「理」は、最終的には語の正確な定義や意味の正しい用法として日常的に意識される。したがって、それは概念的な一般性あるいは言語的な普遍者と言える。井筒はこのように考えることで、自然から人倫まであらゆる物の理《ことわり》を言語論の対象に転換する。

朱熹は「太極図説解」で「無極而太極」（無極にして太極）に着目し、あらゆる「理」の究極に「無極」を置く。なぜなら、無極がなければ、太極（あらゆる物の根源）が実体的に捉えられてしまうからだ。[6] あらゆる実体化を無効にするこの無極を、井筒は意識のゼロ・ポイントと同定する。これによって、朱子学を中心とする宋明の理学は、伝統的には後述の古代の儒学（第三の型）の系列に属しながら、それとは異なる類型に分類されることになる。古代の儒学は、普遍的本質の実体化を問題視しないのに対し、宋明の理学はそれを真っ向から否定する。ただし、B領域や中間領域（M）を明確に措定しない。この古代儒学と理学の相違は、後述するように『古今和歌集』と『新古今和歌集』の美学が、本質規定をめぐって立場を異にすることに類比的である。そのような違いをもたらす意識零度としての無極の役割は、次の第二の型における絶対無の議論で重要になる。

第二の型——元型イマージュとしての本質

本質肯定論の第二の型は、言語的な普遍者や概念ではなく、元型的本質（図1の④）を物の存在根拠とする思考である。元型とは、文化的な枠組みにおける本質を指す。先ほどユングの概念として説明したように、元型は文化ごとに共有され、その文化に固有であり、その文化を根底から特徴づける心像や観念を生み出す源泉とされる。井筒は、イブン・アラビーの「有無中道の実在」あるいは神名、密教のマンダラにおける蓮の花や仏などがこの元型に当たると論じる。

個々の「元型」も、それら相互間に成立するシステムも、各文化ごとに違う。そしてそれは、決してイマージュだけの違いではないのだ。深層意識に生起する「元型」そのものが、文化ごとに違うのである。ただ、どの文化においても、人間の深層意識は存在を必ず「元型」的に分節する、そういう意味で「元型」は全人類に共通なのであり、またそういう意味でのみ、人間意識の深層機構自体に組み込まれた根源的存在分節として「元型」なるものが認められるのである。

（全集第六巻、二三七頁）

井筒はこの元型イマージュの場を、上述した中間地点（M）と捉える。そこでは、非経験的および経験的なイマージュの両方が成立する。例えば、花や鳥の元型は、即物的イマージュとして表層意識における感覚的な経験世界まで流出し、経験の対象（実際の花や鳥）と即応して認知を可能にする。この即物的イマージュを井筒は『言語と呪術』では意味の実体化と関連して論じていたことを本書第一章第3節で確認した。第二の型で注意すべきは、感覚対象にならないイマージュである。それらは、例えば仏教の浄土や如来、菩薩といった特定の文化に固有の想像的で非感覚的な対象であり、普遍的本質の一種と言える。それらは基本的に、元型イマージュの場でのみ機能する。

絶対無分節者の存在エネルギーは、言語アラヤ識（「文化的無意識」）の次元で第一次的に分節されていろいろな意味分節体となり、その中のあるものは「元型」として強力に自己を主張する。そして「元型」は次の段階で形象化して「元型」イマージュとなる。それらの「元型」イマージュは諸他の「想像的」イマージュとともに、一種独特の深層意識的イマージュ空間を現出する。

（全集第六巻、二三八頁）

特有の文化の中で、浄土や菩薩などの元型が意識に刷り込まれると、その元型は何らかの意味を生み出す種子として、意識下に蓄えられる。何かのきっかけで現勢化すると、想像力の領域で元型イマージュとなる。そこでは、文化的な枠組みの強制力が働き、自分が属する文化に固有のイマージュとして機能する。元型と文化は、卵と鶏の関係のように、それぞれが互いの源泉となる。

神話や説話などでも、例えば英雄のイマージュは、特に近代以前であれば、ヤマトタケルやアーサー王のように、文化ごとに独自でありながら、それぞれの文化内部ではある程度共通のイマージュをもって出現する。そういった文化固有のイマージュが機能する空間を、井筒は深層意識に措定する。井筒の意味論との関わりで重要なのは、即物的イマージュは意識のゼロ・ポイントから発出したあと表層意識へと至り機能し、元型イマージュは基本的に想像力の意識空間に留まり、それぞれ機能する場を異にする点だ。どちらのイマージュの場合も、不変不動の実在として実体視されるなら、例えば「鳥」なら「鳥」の「菩薩」なら「菩薩」のイマージュが本質と見なされるだろう（全集第六巻、一七九頁）。だが、この第二の型に属する元型イマージュは、第一の型と同様に、意識のゼロ・ポイントにおいてすでに実体化が回避されている。そのためこの元型イマージュは、あるイマージュから別のイマージュへと変容するなど固定化されず、自由に変貌を遂げる。例えば、仏教では仏陀が大日如来と、中世神道では大日如来がアマテラスと同一視される。言葉の定義的な意味に対応する言語的普遍者（概念）には、このような自由な変容はありえない。その自由さこそ元型イマージュとしての本質を特徴づける。

第三の型――言語的な普遍者（概念）としての本質

本質肯定論の第三の型は、あらゆる個物に本質を認める。したがって、この型は意識のゼロ・ポイントの定立によって、全てが無から発出するという本質論を取らない。この型の本質は、感覚および思考の対象となり、言葉によって指示することができる実在と見なされる（素朴実在論）。先述した古代儒教が代表する立場であり、井筒は『古今和歌集』の美学もこの型に含める。この場合の「本質」は、言語的な普遍者（概念）と同一と考えられる。すなわち図1の⑤のみを考える。

刻々に生成変化し、目まぐるしく錯綜する感覚的事物、事象の背後に、それらを共通の名前の下に秩序付ける永遠不易の普遍者がある、とソクラテスは信じる。一々の個別的ケースについて「それは何であるか」と彼は問う。そして、この問いにたいする答えとして得られる「定義」によって、この不変不動の普遍者を言語的かつ理性的に定着しようとする。だが、任意の事物、Xについて「それは何であるか」と問うことは、前にも言ったように、まさしくXの「本質」を問うことにほかならない。……ソクラテス的「定義」探求は、すなわち、「本質」探求。どこまでも感覚的事物の非感覚的「本質」を求めて止まぬ、それは執拗な情熱であった。
（全集第六巻、二八三―二八四頁）

この文章は、同じ名称で指示される対象が、共通するリアリティをもつという信念を説明している。多種多様であるはずの花がいずれも「花」と呼ばれるのには、相応の根拠がある。つまり、全ての花を花たらしめる「花それ自体」（普遍的本質《マーヒーヤ》）が実在し、それこそ実在の核心である。第三の型はこのように考える。この立場は、概念はそのまま言語外の現実に存在するのではなく、実在の根拠が名称によって指示されると考える。それは、言葉が指示するのは個物ではなく、個々の花を普遍的に存在させる「花のイデア」だと考えていることになる。井筒は、この本質理解を採用する思想として、古代中国の儒教やインド哲学、イスラーム法学の概念論などを挙げる。[7]

意識零度を定立する第一と第二の型からすると、第三の型が行う概念の実体視は、無効化されるべき課題となる。その意味では、井筒はこの立場を軽視するように思えるかもしれない。だが、概念によって対象を理解できるという確信に日常が支えられ、営まれていることは誰にも否定できないだろう。井筒は、第三の型が着目する言語的普遍者としての概念の有効性を、日常レベルでは否定しないはずだ。日常言語のコミュニケーションにとって、言葉が現実を写し取る機能自体は不可欠だからである。問題は、概念あるいは言語による規定性を実在と混同し、意味の把握と対象の認知とを取り違える点である。井筒は、意味を実体化する思惟を無効化しながら、自由に思考する創造的な言語行為を目指す。

4　禅の絶対無とその言語化

「無」の創造性

第一の型は、第三の型が唯一認める言語的普遍者に同意するが、それだけが真の現実の認識だとは見なさない。絶対的な無分節の大海が、あらゆる波飛沫のような分節を根底から支える究極の「理」を見抜く必要性を説く。それは、特定の性質による個体化を経ていない点で、意識のゼロ・ポイントに当たる。第二の型は、この無分節の大海が元型イマージュを介して個物へ分節すると見なす。元型イマージュは文化的に異なる心的現象であり、概念のような普遍者ではないため、大日如来とアマテラスのように類似したイマージュ同士で重なり合いを引き起こす。

第一の型と第二の型が理論上必要とする意識のゼロ・ポイントとは、概念の実体化を回避するために概念的な意味へと分節されていない、絶対無分節のことである。この点で、概念の実体視を肯定する第三の型とは決定的に異なる。第一と第二の型は共通して、あらゆる個物を無分節としての無規定性に還元し、その境位を重ね合わせて捉える。禅も言語的普遍者（概念）や元型イマージュの実体性を拒否するため無規定性を措定する。井筒によるこの大胆な分類、あるいは構造化にどのような意義があるのかを、禅における無の議論を手掛かりに考えたい。

井筒は『言語と呪術』で意味の内包を心的現象として捉えていた（本書第一章）。だが、この理解は徐々に変容し、最終的にイマージュとは心理の問題ではなく、言語の問題であるという理解に辿り着いた。だから、『意識と本質』でも本質は言語的現象として捉えられる。禅はとりわけ、言語による限定を回避しながら、絶対的に肯定すべき現実を追究しようとする姿勢が顕著である。井筒は禅的思考が、個の存立を絶対視せず、その個を支える無数の関係性に視野を開こうとする可能性に着目する。日常を生きる人間にとって、意識のゼロ・ポイントの無分節そのものの感得が最重要なのではなく、そこから再出発することが重要であるからだ。

> たしかに禅の説く「無」は、意識的事実としてもまた存在的事実としても、絶対無分節者と呼ばれるにふさわしい。だが、この絶対無分節者は無ではあっても、静的な無ではない。それは本然の内的傾向に従って不断に自己分節していく力動的、創造的な「無」である。真空は妙有に転成する、というより、転成せざるをえない。絶対無分節は自己分節するからこそ絶対無分節なのである。分節に向ってダイナミックに動いていかない無分節はただの無であり、一つ

の死物にすぎない。

（全集第六巻、一五二頁）

井筒は、禅が考える無とは、一切の事物へと転成する無分節であり、分節へと常に動く「創造的な無」だと言う。事物事象は、私たちの知覚が捉えるかぎり、そこに顕現している。この事物事象を何かとして顕現させる「創造的な無」の動きは、すでにイブン・アラビーの思想と老荘思想の比較において確認した（本書第三章）。それは言語の創造的な作用として理解される。だが、日常意識はその創造性を捨象し、規定的に捉える。

禅と第一の型と第二の型は、私たちが目の前のこのかけがえのない一つ一つの事物事象に対して、真に心を凝らして観察していないことを喝破する。目の前の事物や経験を規定的に言葉にすることで分かった気になっても、それは言葉の意味を理解し、それを運用しているだけであり、今まさに現象し刻々と移りゆく現実を捉えているわけではない。「花」を「花」としか見ないなら、現実の差異を生きることはできず、言語の差異を無自覚に現実と取り違える。『言語と呪術』における「差異性の世界」（本書第二章第7節）や言語と現実の誤謬の問題（第一章第4節）は、『意識と本質』では解体すべき意味の規定性・実体化という主題として、井筒哲学の中心に再浮上する。

ここまで、経験を一つの性質に言語化（限定）することでは、把捉することはできないとする井筒の考えを確認してきた。例えば、「花」自体の経験は、「これは花である」という形式では表せないという直観が、井筒の出発点であった。このことは「これは花でない」にも当てはまる。なぜなら「これは花である」と発言するには、「これ＝花」以外の全てをそこから排除することを意味するからだ。否定も限定作用であることに変わりはない。むしろ「AはBである」という認識は「AはBでない」という否定作用に支えられていると見なすことができる。第1節で見たように、同一律に支えられる日常意識は、自己と他者を区別することで自己のアイデンティティを確保する。比較と相対性によって自己の価値を構成することは、他者の否定と表裏一体である。ゾシマが直観したのは、自己とは他者を否定し、かつ他者に支えられて成り立つという真理であり、全世界に支えられていることの自覚だった。こうして、あらゆる「AはBである」の根底に「AはBでない」を直観する必要性が説かれる。あらゆる存在（Bである）を無化（Bでない）するとは、事物事象は自身の存在根拠たる本質を自らの内にもつという人間の思い込みを無化することだった。井筒は、全てを無化するこの運動が、万物を万物たらしめ、存在の条件であると考える。

井筒は『言語と呪術』で意味を実体化する言語の働きは、無ですらも実体化し、無が存在するかのように語ることが可能になると述べていた。

われわれは〈無〉という言葉を聞くと、あたかも心のなかに〈無〉の形象が実際にあるかのような気になる。われわれは、言葉に対応する何かがあると思いがちであるが、この何かはまた、外的世界に非常にたやすく投影され、〈虚無〉という恐ろしい幻影になりやすい。この物象化の過程は意識的であろうと無意識的であろうと、ひとたび完成されると、あたかも〈無〉

が〈何か〉であるかのように扱うことが可能になり、例えば、ちょうど神話上の英雄が竜に出会うのと同じ仕方で、実存主義者たちが行うように「〈無〉に出会うこと」について話すことが可能になる。

（『言語と呪術』一一六頁。一部省略）

真に経験を生き、生きた言葉を交わそうとするなら、無すらも無化しなければならない。言葉が指示する意味を無《ゼロ》へと還元し、あらゆる個物の実体視を一旦無化するような言語経験が必要となるのだ。井筒が日本の禅僧で曹洞宗の開祖、道元（一二〇〇―一二五三）の次の表現を引用する時、このことが念頭にあった。

老梅樹の忽開華のとき、華開世界起なり。

（道元『正法眼蔵』五三「梅花」／『意識と本質』全集第六巻、一六六頁）

この一節は、老木の梅ににわかに一輪花が咲く出来事において全時間・全存在が一新されることを説くと理解される。一葉が舞い落ちて秋を知り、一片の雪に過去現在未来を想うように、梅がにわかにほころびるやその中に全世界が生起する。[8] この言葉を引いて井筒は、道元が「存在は花する」を実践している、と解釈する。このように、秋の一部である落葉に秋全体が、世界の一部である一輪の花に世界全体が反映されている。この見方は、世界を部分に分解し、固定（実体化）しない。

それは、目の前に咲く梅の花を「梅ではない」と見ることではない。それは現実に反する。道元が、梅のほころびを見て（「老梅樹の忽開華のとき」）、その出来事に存在＝世界の現れを捉える時（「華開世界起なり」）、彼は言葉が想起させる定義や類型、社会通念を取り去って、その場の経験の躍動性を提示する。

5　「眺め」の技法――『新古今和歌集』の形而上学

この世界の現れに対する眺めの技法をさらに解き明かすのが、井筒が描く和歌の形而上学である。井筒は和歌に多大な関心を寄せていたが、『意識と本質』においてその内実は明示されない。『古今和歌集』は、花を花として事物を定義によって固定する。この思考は、言葉の揺るぎない定義を前提とする態度であり、本質肯定論の「第一の型」に属する。だが『新古今和歌集』は、本質規定をゆるめることで、本質による存在の規定性を解体し、存在そのものの究極性を「幽玄」として探究する点で決定的に異なると井筒は述べる（全集第六巻、五〇頁）。井筒は、鴨長明（一一五五頃―一二一六）が『無名抄』で記す「幽玄」を基準にすると思われる。「幽玄」は、藤原定家（一一六二―一二四一）を中心とした新しい理念として当時から意識されていた。一般に、それは言葉で捉えきれない余情や情景であり、心底に現れる理《ことわり》だと理解される。井筒はこの点に着目し、『新古今和歌集』が本質規定を次のように緩めると説明する。

「本質」の実在を否定するわけではない。「本質」はいつでもそこにある。現に、目前にある具体的、感覚的事物を、それとして認知したとたんに、普遍的「本質」は見えてしまう。ただ、このような「本質」を対象とする「……の意識」の対象志向性の尖端をできるだけぼかし、そうすることによって「本質」の本来的機能である存在規定性を極度に弱めようとするのだ。

（『意識と本質』全集第六巻、五一頁）

意識は常に「何かについての意識」として、対象の本質認知を行う。文化的な規定性によって、物の見方も方向づけられる。そのような枠組みを解体する「眺め」の意識は、可能な限り経験の直接性、実在そのものに迫ろうとする。その探究の中で「眺め」の意識は言語の限界を超えていく。これは、言語アラヤ識による絶え間ない存在規定を超える探究であるとともに、自己の根底で働く規定性の彼方に向かう技法であり、自己を見つめる技法でもあった。井筒の和歌論は、この独自の形而上学を形成する。和歌は、古代儒教や宋学のように、概念としての本質を認めながら、イブン・アラビーのように想像的なイマージュの産出を探究するよりも、元型イマージュの流動性と同じく、言語による規定性からの解放を実践する藝能的思考に重きを置くのだ。

井筒によれば、本来、意識の地平に立ち現れる自然現象や世の中の意外性に驚き、その心を歌に詠むための美学的な方法が「眺め」だった（『意識と本質』全集第六巻、五〇頁）。明確に規定された存在世界の眺望に息苦しさを感じた歌人たちは、「花はこういうもの」といった事物の本質規定を認めながら、それを超出する言語的・思考的な実験を行う。言語の形式的な規定を緩め、今まで気づかなかった世界の相貌を発見し眺望する。これが「眺め」の新たな意義である。この「眺め」の技法を用いて、一見相容れない本質規定の思想とそれを解体する思想を和歌は架橋する。

『新古今』的幽玄追求の雰囲気のさなかで完全に展開しきった形においては、「眺め」の意識とは、むしろ事物の「本質」的規定性を朦朧化して、そこに現成する茫漠たる情趣空間のなかに存在の深みを感得しようとする意識主体的態度ではなかったろうか。

（全集第六巻、五〇頁）

こうして井筒は『新古今和歌集』を貫く美学が「存在の深み」を捉えると考える。その例として式子《しょくし》内親王《ないしんのう》（一一五三頃―一二〇一）による二つの和歌を例示する（同、五一頁）。

ながむれば我が心さへはてもなく行へも知らぬ月の影かな（『続拾遺和歌集』秋下三二〇番）[9]

この歌は、表面的には、「眺めやると心の動きすらも朦朧とする月の姿である」と、自然を観照する歌に見える。だが作者は、「（ものうげに月を眺めるともなく）眺める（ながむれば）」と言いながら、

「あてもない（はてもなく）」と言って、意識の焦点（「はて」）を月に合わせようとしない。志向される対象（月）を解体し、はるかに遠い彼方全体を眺めている。したがって、何も対象として顕在化されない。この歌は、そこに立ち現れる「存在」の移り行きと心の動きを重ねて表現する。この歌を基に井筒の考えをより明確にするなら、次のように言えるだろう。

月は仏教では真実在の象徴であり、曇りなき清浄心を指す。その月を眺めていると、「心」は果てしなく乱れる（「行へ《ゆくえ》も知らぬ」）。そこには乱れなき心を意味する月の定義に反する事態が生じている。「行へも知らぬ」は、月の行方と自分の心の行方を、すなわち意識の志向性の向かう方向を重ねており、主体も客体も朦朧化することを表現する。「はて」や「行へ」は時間の経過を示唆するが、空間性が強調される点も重要である。この空間性は、「月を見上げる」というように、上方に意識を究める自然観照の形式をとりながら、下方にある心の隠れた奥底に心を凝らす、自照の動きを重ねて示す。「眺め」とは、意識の志向性を緩め、「月は月である、私は私である、私は月を眺める」という存在の規定性、主体と客体の区分を解体し、それ以前には気づかなかった境地に至ろうとする技法である。

式子内親王の二つめの歌、

帰る雁過ぎぬる空に雲消えていかに眺めむ春の行くかた（『式子内親王全集』一二〇番）

は、「北へ帰る雁が通り過ぎた空には、その形見の雲さえも消え、消え去った春の行方を眺める縁《よすが》もない」と一般に理解される。これを眺めの技法から読み直すなら、実体を無効化する表現が多用されていることに気づかされる。[10] 眺められるのは、雁が過ぎ去った跡も雲すらもない虚空である。和歌では、雁は雲路をたどり、雲とともに北へ帰ると決まっている。歌人たちが前提するのは、雁が消え去っても雲がたなびき、その流れの向こうに過ぎ去った時間を重ね、心情を詠み重ねる技法である。そのような「眺め」の先には、本来なら、雁の往った跡を具現化すると見なされる雲が志向される。それによって、桜が咲く前の春という時をも実体視できたであろう。だが式子は、この歌でそういった対象を全て無化する。今、眺めには過去（雁）を偲ぶ縁《よすが》としての雲は無く、現在は虚ろで未来はまだない。存在すべきものは、「過ぎぬる」「空」「消えて」によって三重に打ち消され、そこからは何も実体化できない。そのため、「いかに眺めむ」と詠う通り、対象の固定化が生起せず、焦点の定まらない、あてどない様子が描かれる。ここから、空が潜在的に志向されているのではなく、いかなる志向性の成立も打ち消されると言える。それを表すなら次のようになるだろう。「空、雁を〔対象化せずに〕眺めても、〔本来なら焦点を合わせるべき〕雲さえそこにない。春を春として規定するものも何もなく、ただ空の自由な空間が広がる」。

　この井筒による眺めの技法を用いて、別の歌を分析し、解釈してみよう。藤原俊成女による次の歌は式子の一つめの和歌と同じく、独り眠れぬ夜に月を眺め暮すことで、全存在世界を淡い光で満たす月影の中に孤独の身が浮かび上がるさまを描く。

ことわりの秋にはあへぬ涙かな月の桂も変わる光に（『新古今和歌集』三九一番）

「全ては別れ変化する道理の秋に堪えられず涙して月影さえも変わる」と詠うこの和歌は、『新古今和歌集』の妖艶風（表現に潜む意味の重層性を活用する技法）を代表する作品である。冒頭の「ことわり」も末尾の「（月）光」も仏教の真理を指し、直接呼応し、己の尾を噛むウロボロスのように意味が連関する。「秋＝厭き」という真理（月）に涙して光は滲み、眺めによる朦朧化が情緒的に実現される。彼女は常に変わらぬ月影にも、刻々と変わる自然の変化と絶えず移り変わる心の変容を見て、それらを受け入れ、輝ける自身の過去を憶いながら、月と我が独り身とを重ねる。

「ことわり」は、連辞構造では「秋」（基本的意味）に掛かる。「ことわりの秋」の連合構造は複雑である。和歌で「秋」は哀れさから「涙」を誘うこと、さらに恋人が自分に「厭き」て涙することが常に意識化される。「ことわりの秋」は別離が常の道理であることを指し、その「秋＝厭き」には「敢へぬ」（耐えられない）ので、堪らず涙を零《こぼ》す（あへぬ涙）。したがって「ことわり」は「涙」に連合としても連辞としても掛かると理解できる。この「あへぬ涙」は、和歌では女性の涙「紅涙《こうるい》」（露をおいた花）を示し、秋に耐えられないとは、秋に葉が紅葉して零《こぼ》れる、という意味と連関する。そこから「秋＝厭き」には「月の桂＝月の光」すらも「変わる＝紅葉する」と詠われる。

冒頭の「ことわり」から、即座に「月」を詠むと特定することはできない。だが仏教の真理をも指す「ことわり」で開始することで、不変に関わる連関的意味が予測される。すなわち冒頭から、真理の象徴として不変である月の光を心は想起する。式子の一つめの歌にもあったように、月は不変であるという社会通念としての本質規定が前提にある。だが、「涙かな」のくだりまで来ても「月」を詠むとは確定できない。「涙」によって「変わる光」が「理《ことわり》」だとされた瞬間、朦朧としながらも照りまさる月は、歌人たちの一般通念を書き換える。過去の様々な作品は、一般に、中国の伝説に由来する「月の桂」を詠むことで輝かしい月を理知的に連想させる。ところが、俊成女は「月の桂も変わる光」として変容に力点を置く。あらゆる変容こそ真理であり、それは涙で滲みながら感得される。だが、世の「ことわり」は移り変わり、不変の月光までも眺める者の心情によって色を変える。不変の月の光を眺め、朦朧化させ、心のありようによって、月の光を含む全てが移ろうという直観を俊成女は詠う。

　式子は二つめの歌で対象を無化する。平安時代の和歌では、「月」の連関的意味といえば「眺め」が想起された。月とは「眺め」の対象であることが歌人に共有されていた。三九一番「ことわりの」の歌は「眺め」によって現成する客観と主観の一致を詠む歌だと言える。だが、俊成女は月の通念を解体し、「眺め」の語を省くことで本質認知の主体性も、眺めにおける主体客体の区分も無化する。この点で本作は眺めに現れる光景と基本的意味「秋」を中心に、平安歌人であれば誰の意識にも必ず上る連関的意味を描きつつ、定義や通念、本質規定を緩め、そうすることで立ち現れる独自の視点を巧みに言語化している。当時、仏教の影響を受けて、意識による対象化から解放された存在の立ち現れ方を詠むことが理想となっていたことも、このような眺めの技法に影響を与えただろう。[11]

この歌は道元の「老梅樹」と同じく、「眺める」という動詞を消すことで、その行為の前提となる主体と客体の分離を無化する。「眺める」という動詞は、主語を明示しなくとも、動作主の存在を想定させる。それすらも省き、意識のわずかな動きすら見せずに、ただ意識の鏡に映る自然を描く。月は焦点から外れ、本質は解体され、月を眺める行為も消え、月のみが現れる。俊成女は本作で、眺めの可能性を極限にまで追究する。創造的な無化に徹することで、その客体である月を朦朧化して、定義や通念を解体し、さらには意識の主体をも無化する。

「眺め」による自己超越

歌人の主体にとって無分節であり、それゆえあらゆる意味を兼ね備えた「変わる光」（朦朧とした月）が眺めの意識に映し出される。眺めの意味全体は、分節され言語化され、歌の言葉の連なり（連辞構造）に置き換えられる。井筒にとって『新古今和歌集』の歌が重要なのは、分節される前の経験の統一性（月とそれを眺める心の状態との相関性）が「月の桂も変わる光」という連辞においても連関的意味（「月の桂」と可変／不変の問題との連関）として示されるからだ。歌人は眺めが刻々と移り変わり、そのつど見せる局面も「心」の変容として描く。自然と心とが相互に規定しあい、相互にそれぞれの局面を形成する様子を詠む。不変の月を眺めながら、変容する光へとその意味をずらし、心の状態によって景色が変容し、月から心へと眺望自体もずらしていく。その意味のずれは、連辞構造を重層的に横断して、当初の意味の全体的な連関を再表象する。この歌は、輝かしい了々たる美ではなく、過去・現在・未来も宇宙の天体も反映する孤独の身を場として浮かび上がる情趣、日常は意識されない意味連関の機微、および刻々と変容する世界の「理《ことわり》」を探究した。

ここから和歌が「対象の真実」への深まりを「姿なき真実」として追究すること、そして井筒の考える和歌の形而上学が「第一の型」を越え出る実験であることも理解できるだろう。[12] ここに眺めの技法の意義が見出される。井筒は事物を固定化しない精神「ながめ暮す心」に東洋哲学における独自の地位を与えた（全集第六巻、五〇頁）。眺めは、本質規定をずらし、文法規則すらも緩めることで、反本質的態度を実現しながら、世界と心の刻々たる変容を描き出そうとする。井筒は、このような思考を実践する和歌などの古典藝能こそ、日本思想として独自の貢献をなす可能性があると考えていた。

自然あるいは存在に対する態度、それが和歌と俳句では根本的に違っておりますけれども、しかし両方とも非常に日本的なものをもっている。能なんかでもそうですし、そういうもののなかに生きて働いているものを、日本の思想として取り出したほうが、いわゆる〔儒学や老荘、仏教としてできあがったものを〕日本思想というよりもはるかにいいのではないか。

（「東洋哲学の今後」全集別巻、一四五頁）

日本思想史は通常、儒学や老荘思想、仏教のようにすでに思想として体系化された学説史として叙述される。だが井筒にとって、真に意義深い日本の思想とは、それら高度に概念化された思想体系ではない。むしろ「別の次元で生きている思想性」を取り出して、東洋哲学に組み入れる方が、意義深いと考えた。井筒は興味深いことに、そのような思想を東洋哲学に取り入れつつ、それ自体を超越するべきだと述べる。

私、東洋を一つの有機体として自分のなかに生き返らせる操作を、今ここでやっておきたいということは、結局そうしないと自己超越ということが基礎づけられないのではないかと感じるからなんです。その確固たる基礎を作るために、それをいっぺんやらなくてはいけないのではないかと。

（「東洋哲学の今後」、一五一頁）

東洋哲学の共時的構造化は、井筒にとって自己を乗り越えるという実存的な挑戦であったと理解できる。それまでの哲学的思索において自己の中に蓄えてきた東洋思想を、生きた有機的な思想へと構造化し、さらに、それ自体をも超えていくことで、自分自身の限界を破り、自身の思考と表現の地平を広げることができる（同、一五二頁）。そう直観した井筒は、その技法として、和歌の試みに着目していたのではないだろうか。

俊成女らの先駆的な和歌は、脱構築によって新たな境地に到達し、さらに再び言語によってそれを表現しようとする。井筒はそこに哲学的意義を見出した。俊成女の例では、個物（例えば月）に関して、「月」という語は用いられるが、その通念（ことわり）が解体されていく。すなわち、歌の連辞の進行に合わせて意味は流動化し、現実の本質規定が緩み、言葉が繰り出されるごとに意味が刻々と姿を変える。この意味の変容は眺める主体の変容だった。彼女らの和歌は、刻々に意味を変える用法を活かして、本質主義を戦略的に受け入れつつ、同時に世界を解体してみせる。和歌は絶え間ない意味＝存在の流動を表現することで、日常意識の固定性を自覚させながら、個人の体験を描く。

『新古今和歌集』が編まれた時代、歌人たちは禅に通じる仏教の修行法を重要視していた。実際、先述した定家は修行論の一つである『摩訶止観』に基づく和歌の理論を構築していた。歌人たちは、仏道を歌の道によって極めることを真剣に考えていた。「眺め」の技法を活用すれば、自然の変動性を直観し、個人の心情と世界の相依相関を表現できると考え、実践していたのだ。[13]

新古今による存在解体は、イブン・アラビーの形而上学に通じる。そこでは、言葉の意味が規定性から解放され、自由に連関し合うことができる。本章第2節で見たように、「統合的一者性《ワーヒディーヤ》」（④）において個物＝「名」は諸神名に還元される。神名は普遍的本質として個物の元型イマージュ、存在に形を与える条件である。したがって、それ自体は日常の経験を超えている。梅の花を眺めるといった身体的な経験レベルでは、現実の梅の花が流動するわけではない。現実の梅を指す「花」という言葉は、社会通念となった意味をもち、誰もが理解できる。だが、目の前の花を経験する時、その一般性を超えて、その場の状況や個人の事情といった唯一性、固有性が付随する。それに即した意味を目の前の花に重ねようとする時、人は既存の意味がもつ規定性から解き放たれて、自由に思考する。『新古今和歌集』の短歌が実践するのは、まさにこのことである。「眺め」によって存在は流動化し、意味の区分も流動化する。この点で、イブン・アラビーも『新古今和歌集』も、本質主義を認めながら、本質の固定性を解体し、実在の変動性を捉える立場として通じ合う。イブン・アラビーの形而上学は、むろん歴史上、和歌とは無関係である。しかしその思想がメタ哲学として機能する時、和歌の形而上学と根源的に共鳴するのだ。

自由なる思考に向けて

『新古今和歌集』の和歌は、一義的な言葉の規定を超え出ようとする。不変であるはずの「月」が変化の象徴へと置き換えられるように、意味が縦横に連関し重層化することで、新たな世界を創出する。なぜなら、経験の瞬間とは、心の側では決して一義化できないような、意味が溢出する瞬間であるからだ。和歌が意識化させる複雑な意味連関は、日常意識からはほぼ隠れている。そのような連関が浮かび上がる現象は、第一章や第二章で示した、圧倒的な外部性である言語が意識に立ち現れる現象と同じである。和歌ではそれが、外部性としてではなく意外性として捉えられる。存在零度の「眺め」は、いかなる規定からも自由であるからこそ、「意外性」の表現を追究し、刻々と変容する豊穣さを見せる世界を描きとろうとする歌人にとって不可欠である。ただし、無自覚な日常の態度では、言語が辿った文化の伝統や歴史の痕跡（言語アラヤ識）を通して既存の規定性に絡め取られて、その直接性が隠れる。言語の用い方を変容し、言語アラヤ識に蓄えられた連関的意味を顕在化しても、その豊穣さや異質さは語り尽くせない。なぜなら、経験の瞬間は、いかなる限定づけや条件づけを超えた言語の外部であるからだ。

　花を経験するときに、私たちは光や色、匂い、風のそよぎ、朝露の湿り気、気温など無数の性質を捉えている。その連関において花が絶えず生を充溢させるままに、私たちの感覚器官には絶えず様々なデータが送り込まれてくる。私たちはその言語外の経験に臨み、無限に移りゆく非限定的な様相のいずれか（X）に焦点を当てることで、全体を「これはXである」と言語化する。Xは「花」であろうと「白さ」であろうと構わない。どれに焦点を当てたとしても、その経験の無数の様相をその言葉に凝縮せざるをえない。世界の豊穣さをもう一度取り戻すには、意識と存在の無《ゼロ》の地点に立ち返るしかない。その試みが井筒にとっての東洋哲学であった。完全な無限定の境地を達成することは不可能だろう。だが、本質規定から思考を開放し、自由なる思考を追究するという実践は歴史上、幾度も試みられてきた。その意義を井筒の言語論とメタ哲学は明らかにする。

　経験の直接性は、自由な言語化の可能性に拓かれているはずだ。諸思想は、その無規定の原点を「本質」と捉えるか、「存在」と捉えるかに分かれる。つまり、第一の型であれば「これは花である」の体験を固定化しないよう存在の究極に送り返し、第二の型であれば「花」の元型イマージュとして、仏教では蓮華、和歌なら桜によって、体験の実相を伝えようとするだろうし、第三の型であれば「これは花である」として指示する言語的な意味（概念）こそ、現実の本質を経験することに他ならないと主張するだろう。その際、成立する世界像は、言語文化を特徴づける伝統思想として展開されてきた。人間の心の構造や仕組みは、言語文化を超えて普遍的であるにもかかわらず、知性は異なる言語を生み出し、言語文化ごとに異なる世界像を描き出す。ちょうど、多様な言語が世界中に展開し、それぞれの世界像を提示するように。アメリカの言語学者ノーム・チョムスキーは、言語能力そのものは、人類である限り各人の知性の根底に生来備わっているという普遍性を説く。[14]この理解において、井筒とチョムスキーは深く共振する。人間に普遍的に与えられた言語能力は、それぞれの文化の歴史の中で相対的な差異を生み出してきた。

逆に考えれば、地上に現実化した言語能力の現れとしての全ての個別言語は、いかに相異なる世界像を構成しようとも、人間の知性一般を起源とすると言えるだろう。同じように、経験の直接性たる意識のゼロ・ポイントをめぐって地上に展開された諸思想もまた、人間の心一般を起源とする。このように考えるなら、井筒は言語と人間の心に関する普遍性をめぐって、『言語と呪術』で得た着想を『意識と本質』で伝統思想に適用したと理解できる。無関係に見えた東洋の諸思想もまた、言語の起源が人間の心であり、無規定の地点をどのように展開するかをめぐって異なる思考を展開させたと考えることができるだろう。存在と意識の零度は、意味の零度とも言えるが、それは無意味のことではなく、あらゆる規定性を超えた意味そのものと見るべきであろう。

日本の古典美学の中でも『新古今和歌集』の中心的な発想は、「本質主義」の有用さを認めた上で、自身の拠って立つ「本質」が解体され新たなる世界像を心に映し出そうとした。それは、東洋思想を形づくり、類型化する本質主義と存在主義という拮抗する二つの世界像を調停しながら、世界の豊穰さに見合うよう実存の地平を豊かにしようとする技法であった。『意識と本質』が実現しようとしたことをまさに和歌は体現していた。和歌の形而上学は詩作を通して思考の自由を実践すると言える。だが、井筒の東洋哲学の構造化のプロジェクトにおいて、その詩学を導入することは未完に終わった。そこで、本章では井筒の意志を継ぎ、実験的に日本美学の「眺め」の技法を用いて、未完の「東洋哲学」に占めるその位置を探った。次章では、思考の自由の探究が、井筒最晩年の言語論にどう結実するのかを考察したい。

第五章　世界と対話する哲学
――自由なる思考を求めて

1　アンチコスモスの創造性

日常の「現実の世界」は言語によって表象され思考され、経験となる。そこに意味が不可避に介在することに私たちは無自覚であり、それだけに意味の規定性は強固である。だがその規定性に囚われた思考を「自由の空間」へと東洋哲学は開こうとする（「コスモスとアンチコスモス」全集第九巻、三四三頁）。ここまで跡づけてきたように、井筒の著作を『言語と呪術』を軸にして読み直してみると、井筒は常にこの言語の限界を乗り越え、そしてその問題と表裏一体である言語の可能性を追究してきたように思える。その探究は最晩年まで貫徹された。

一九九一年には中央公論社から『井筒俊彦著作集』（全十一巻・別巻一）の刊行が開始される。その第九巻『東洋哲学』（九二年八月）には、『意味の深みへ――東洋哲学の水位』（一九八五年一二月、岩波書店）に収録された八篇の論考と『コスモスとアンチコスモス――東洋哲学のために』（八九年七月、岩波書店）に収録された五篇の論考、さらに八九年六月に発表した「TAT TVAM ASI（汝はそれなり）――バーヤジード・バスターミーにおけるペルソナ転換の思想」が纏められた。

批評家の安藤礼二は「井筒俊彦と華厳的世界――東洋哲学樹立に向けて」という論考で、井筒の哲学が『神秘哲学』を原点とし、この『東洋哲学』で頂点を迎えると位置づけ、さらに遺著『意識の形而上学――『大乗起信論』の哲学』を嚆矢として展開する予定だったが、井筒の逝去により未完に終わった「東洋哲学覚書」というシリーズの構想に井筒再解釈の可能性を見出す。[1]このシリーズでは、大乗仏教の唯識説を言語哲学として読み直す予定だった。確かにそれは未完に終わったが、安藤が的確に指摘するように、最晩年における井筒の東洋哲学が捉えようとする「意味の始原」は、古代ギリシアにおける憑依現象や、古代アラビアの憑依から預言への移行、そして近代ロシアの文学的直観や詩的直観を題材にした井筒の初期の著作群において、既に如実に描かれていた。本章では「意味の始原」を「東洋哲学」における新たな相貌として語り直してみよう。

井筒は最晩年の著作群において、自己同一性とその解体を言語の側から迫る。彼は意識から隠れた深層領域において、あらゆる対象の自己同一性が解体される状態を「アンチコスモス」と呼ぶ。この存在解体を安藤は「意味の始原」と捉えるのだ。それは「コスモス」のような調和した秩序に対立する「無秩序」ではなく、秩序の構造に組み込まれた自己を超出しようとする力である（「コスモスとアンチコスモス」全集第九巻、二九五頁）。それは、第五章で記した通り、『古今和歌集』が自然を意味によって規定された秩序として描くのに対して、『新古今和歌集』がその秩序を解体して、自由自在な意味空間を再現する関係に対応する。新古今の歌人たちは、意味の規定性から意識を解放し、自由に「世界」を眺め、そこに介在する数多の経験や視点、人々の声を意識化した。

井筒は、このようなアンチコスモス的な「眺め」を追究し、それを思考する「東洋的主体性」の探究を「アンチコスモス的哲学」と呼んだ（全集第九巻、三二八頁）。『意識と本質』でも通奏低音であった「存在化の働き」が、主要な東洋思想にも共通することを明らかにするために、「アンチコスモス」を新たなメタ言語として活用するのだ。このメタ言語は、井筒哲学の最終地点である『東洋哲学』（『意味の深みへ』と『コスモスとアンチコスモス』）において、「東洋的主体性」が自覚へもたらそうとする意味イマージュの自由な連関を描き出す。本章が最終的に提示するのは、「アンチコスモス」という概念によって、自由自在な思考や対話、言語行為を実現しようとする井筒の最後の実践である。「アンチコスモス」は概念の解体ではなく、観念の固定化を絶えず超克する前進であり、創造的な行為を促す視座である。それは意味の規定性が一義化し、世界の豊穣さを一般性に閉じ込める作用から、思考を解放する。

東洋哲学による言語批判

『意識と本質』は「本質」の概念をメタ言語として用いて、伝統的な東洋思想を再構築した（前章）。それらの思想は言語や信仰が異なるため、別々の世界観を構築すると考えるのが一般的だろう。だが、それらの思想が、実際には実在とは何か、何が経験の本質かという同一の問題をめぐって議論してきたことを井筒は明らかにした。井筒は禅仏教を本質否定論とし、それに加えて、本質肯定論を構成する三つの型のうち、第一の型（宋明の理学）と第二の型（存在一性論）が、意味の規定性を無化することで本質を解体する思考であると位置づけた。それらは、究極的には、言語的な普遍者を現実と対応させ、固定化する思考の解体を目指して、存在零度からの「眺め」を探究する。なぜなら、「実在とは何か」を言語によって追究することはできないという「言語への不信」が根底にあるからだ。これは、デリダなどの現代思想とも通底する懐疑である。本書でも見てきたように、言語と現実とは構造上完全には対応しない。だが指示や記述という言語機能は、両者が一致すると思い込ませる働きを持つ（第一章）。そのため、伝統的な東洋思想は言語への不信を表明するのだ。言語構造が現実の構造と一致するなら、言語ごとに世界が異なることになるのではないか。井筒はこのような相対主義を超克しようとした。

もし言語ごとに世界が異なるなら、対話は成り立ちようがないだろう。なぜなら、根本的に異なる世界の間には共通性が存在しないことになるからだ。例えば、異星人との邂逅を想像してみよう。彼らは、人間が前提とする物理的な時間を超えて移動できる。そのような生物が人間と同じ観念で時間や空間を捉えているとは考えにくい。世界構成の基本となる時間や空間の観念が異なるなら、意思疎通は成立しないだろう。何らの共通性も持たない、異なる世界を生きる者同士が共通の世界を持つとするなら、それは矛盾するだろう。異星人の時間意識を獲得し彼らを理解するなら、それは彼らと同じ前提に立って同じ世界を見ることに等しい。

対話が成り立つとは、同一の世界が基盤となり、世界経験の表現や意味が理解されることである。井筒が『意識と本質』で世界経験の表現や意味を本質否定論と本質肯定論に分類したのは、同一の世界の構造が、意識の表層・中間層・深層のどこで直観されるのかによって、異なる世界として捉えられる理由を示すためだった。それを解明することで、真の哲学的対話が実現すると井筒は考えた。

2　文化と言語アラヤ識

経験の痕跡としての意味

一九六〇年代以降の発言に見られるように、井筒は世界的規模で進んでいく文化の均一化に対して危機感を抱いていた（第三章）。異文化を理解しようとして、自文化と異文化の世界観に表層的な共通点を見出すだけならば、それぞれの生活環境に由来する「感情の匂い」を見逃してしまう。他者や異文化を理解するには、この生きられた意味を捉えねばならない。これが井筒の主張であった。

そのためには、人が固定された概念から解放され、意味が自由に変動する意識の水準が不可欠だ。それを井筒は、あらゆる経験が意味となる場所《トポス》として定立する。

およそ人間の経験は、いかなるものであれ――言語的行為であろうと、非言語的行為であろうと、すなわち、自分が発した言葉、耳で聞いた他人の言葉、身体的動作、心の動き、などの別なく――必ず意識の深みに影を落として消えていく。たとえ、それ自体としては、どんなに些細で、取るに足りないようなものであっても、痕跡だけは必ず残す。内的、外的に人が経験したことがあとに残していくすべての痕跡が、アラヤ識を、いわゆるカルマの集積の場所となす。そしてカルマ痕跡は、その場で直ちに、あるいは時をかけて次第に、意味の「種子」に変る。この段階におけるアラヤ識を、特に「言語アラヤ識」と、私は呼びたいのである。

（「文化と言語アラヤ識」全集第八巻、一七六頁）

仏教は、あらゆる人の経験が意識の深層に言葉の意味になる可能性（種子《しゅうじ》）として蓄積されると考え、その深層の記憶を「アラヤ識」として措定する。経験の痕跡は個人を超えて蓄積される。これを言語論として解釈するなら、母語に固有の意味連関が下意識に広がり、さらに意識化が不可能な深層領域にまで広がると措定できる。これまで繰り返し述べてきた通り、井筒にとって、言語は個人の心を常に超出する外部性であった。それは限りなく豊かな他者の声を含む「心」として定立される。

辞書に記載された形での語の意味に固形化する以前の、多数の「意味可能体」が、下意識の闇のなかに浮遊している。茫洋たる夜の闇のなかに点滅する無数の灯火にでも譬えようか。現われては消え、消えては現われる数かぎりない「意味可能体」が、結び合い、溶け合い、またほぐれつつ、瞬間ごとに形姿を変えるダイナミックな意味連関の全体像を描き続ける。深層意識内に遊動するこの意味連関の全体が、日常的意識の表面に働く「外部言語」の意味構造を、いわば下から支えている。我々の経験的「現実」の奥深いところでは、「意味可能体」の、このような遊動的メカニズムが、常に働いているのである。

（「文化と言語アラヤ識」全集第八巻、一七八頁）

あらゆる可能性に開かれた「意味可能体」が意識の深層ではダイナミックに連動し合いながら意味構成を支えつつ、いつか一つの意味として顕在化するのを待っていると措定する点に、井筒の意味論の独自性がある。意味要素は、潜在性においてはあらゆる結合の可能性に開かれている。この無限の意味の可能性が蠢く次元は、完全なカオスでもなく、一義性によって秩序立ったコスモスでもなく、その中間的な状態を指す。井筒はそこにテクストを解釈する際の無限の可能性や発話における創造性の根拠を見る。それを支えるのが個人を超えた複数の他者の生きた跡である点が重要だ。

意味マンダラ

井筒は鍵概念の分析を通して日常生活の言語的な秩序を根底から支える意味連関を明らかにし、

他者理解や異文化理解を実現しようとした。井筒の関心は、文化そのもの、すなわち世界観を意味連関として描き出すことだった。そして文化に固有の世界像を井筒は「意味マンダラ」と呼び、「異文化の接触とは、根源的には、異なる意味マンダラの接触である」と言う（「文化と言語アラヤ識」全集第八巻、一八一頁）。あらゆる世界像には過去や現在の人々の生きた証が刻まれていることになる。

井筒にとって、異文化とは、根源的に理解されるべきものだった。例えば、自然で素朴な物の見方をする人は、慣習的な記号のシステムに依拠し、その有意味的な秩序に従って生きている（第三章第3節の荀子の例）。そのような人の日常意識では、まず世界が存在し、その世界の中に事物事象が存在する。言語は、その相互関係で成り立つ世界を「外側からなぞっていく」。井筒はこのように世界を自分の外に自律して存在する客体として捉える方法を「水平的《ホリゾンタル》なアプローチ」と呼び、それに対して世界をそのつどの経験によって意味として立ち現れると考える態度を「垂直的《ヴァーティカル》なアプローチ」と名づける（「意味分節理論と空海」全集第八巻、三九九頁）。

井筒の見立てでは、「垂直的なアプローチ」によって、世界経験とその主体とを重ね合わせて捉えるのは、現代人の心に潜在する「呪術という太古の精神」（『言語と呪術』六六頁）、すなわち意識の「太古」の薄暗がりである。その意識の領域を井筒は「記憶の彼方」や「無意識」と表現した（本書第二章）。経験の固有性を捉えるために、井筒が「垂直」という言葉で表現するのは、太古から連綿と受け継がれた言語が彼方から自分へと到来するような主客未分の感覚である。経験の固有性に至るには、意味マンダラ、言語アラヤ識、そして意識のゼロ・ポイントを視座に据える必要がある。

異なる文化や他者との対話は、自己の意味構成に変動を生じさせる。概念と概念の境界線がわずかながら移りゆく。井筒にとって、「世界」とは、概念と概念、意味と意味とが複雑にダイナミックに絡み合い、変容しながら、時々刻々と新たに生み出されるそのつどの経験のことであった。

いったん言語意識の深みに目がひらけて見ると、存在秩序は一変し、世界はまるで違った様相を示しはじめる。言語意識の深層領域には、既成の意味というようなものは一つもない。時々刻々に新しい世界がそこに開ける。

（「意味分節理論と空海」全集第八巻、四〇一頁）

明らかに、この「意味マンダラ」として眺められる現実は、イブン・アラビーの「新たな創造」を元型とする。『スーフィズムと老荘思想』や『意識と本質』で存在主義として取り上げた思想群が、最晩年に至って今度は言語論から捉え直される。すなわち、存在零度《ゼロ・ポイント》を眺める「技法」が、ここに至って、言語行為に創造的な可能性を与えるアプローチとして明確になる。私たちの「現実世界」は、意味構成によって支えられている。だが、そのために固定化された観念を通じて自己や他者を理解するならば、私たちがそれぞれに織りなす固有の経験を把捉することはできない。言語の規定性が私たちの思考を方向づけてしまう。これが井筒による言語批判である。そのような「色褪せた記号のコード」を解体し、生命を吹き込むことで、新たな表現を生み出すことができるというのが井筒の直観だった（「文化と言語アラヤ識」全集第八巻、一七九頁）。このような創造性を可能にする意味の痕跡が「意味マンダラ」なのである。

3　東洋思想の脱構築

内なる脱構築の力

『意識と本質』で井筒は、固定観念や先入観に経験の固有性が奪われてしまわないよう、あらゆる思考や認識の無自覚な前提を無効化する絶対無、意味のゼロ・ポイントを導入した。物の見方が固定化されると経験を生き生きと表現できないからだ。『新古今和歌集』の美学は、「眺め」の技法を用いて、意味の規定性を緩めようとした。だが、井筒はこのような反「本質主義」的な物の見方は、現実には「本質主義」に敵対する見方ではないと考える。なぜなら、それは日常意識の制度化され因襲化された秩序に構造的に組み込まれた内発的なダイナミズム、すなわち「意味マンダラ」だからである。それゆえ井筒は、反「本質主義」的な物の見方を「アンチコスモス」と呼ぶ。

つまり、アンチコスモスは、外部からコスモスに迫って来る非合理性、不条理性の力ではなくて、コスモス空間そのものの中に構造的に組み込まれている破壊力だった、ということです。すなわち、存在秩序それ自体が自己破壊的であり、自分自身を自分の内部から、内発的に破壊するというダイナミックな自己矛盾的性格をもつものであったのです。

（「コスモスとアンチコスモス」全集第九巻、三二一頁）

人は、世界を有意味的な秩序構造として捉える。だが、そのような意識の中には、合理性を超えるアンチコスモスへの抑え難い衝動が潜む。井筒は当時の二〇世紀後半をカオスの時代と呼ぶ。そのような衝動に哲学的な表現を与えた代表的な思想家が、現代思想の源流の一人であるドイツの哲学者ニーチェ（一八四四―一九〇〇）だった。[2] ニーチェは、絶対的な真理を中心に置く思考や社会のシステムを解体しようとした。その影響は、二〇世紀の思潮である実存主義や、脱構築主義に及ぶ。東洋哲学における存在主義の思索は、ニーチェやデリダなどの現代思想家と問題意識を共有する。それが、アンチコスモスの精神であり、存在解体の探究、自己超出の探究であった。[3]

自己の枠を超出する

井筒にとって「アンチコスモスの精神」とは、固定観念や先入観を根底から支える揺るぎない既存の価値観を解体し、固有性を創造性によって発揮しようとする欲求である。それは、人間にとって普遍的な衝動であり、自由を求める人間精神と切り離して考えることはできない。

人間は、元来、矛盾的存在です。反逆精神というものもある。するなと言われれば、かえってしたくなる。コスモスの中におとなしくしていれば安全だとわかっていても、その安全そのものが煩わしくなって、つい外に飛び出したいという烈しい衝動に駆られもする。しかも、それだけではありません。秩序構造としてのコスモスは、本性上、一つの閉じられた世界であり、自己閉鎖的記号体系としてのみコスモスであり得るのでありまして、秩序構造が完璧であればあるほど、それが、その中に生存する人間にとって、彼の思想と行動の自由を束縛し、個人としての主体性を抑圧する権力装置、暴力的な管理機構と感じられることにもなるのです。

（「コスモスとアンチコスモス」全集第九巻、三二〇頁）

孔子や荀子は、社会を構成する全ての事物事象が「理」、すなわち存在の根拠や役割、価値をもって調和をなしていると考えた。[4] 井筒によれば、『古今和歌集』はそれと同様の秩序を美学とした。この類型に属する思想のように、人間は合理的な秩序を求める。だが、それと同時に、無秩序や非合理性を求める衝動をもつ。なぜなら、役割や価値といった意味を前提として与える秩序（ロゴス中心主義）は、思想と行動を方向づけ、主体性を抑圧するからである。ニーチェ以降の現代思想は、まさにこのロゴスを中心とする公共的な秩序が個人を管理する装置として機能することを白日の下に晒した。[5]

井筒は「コスモスとアンチコスモス」に典型的に見られるように、この現代思想の動向に接近する。しかし井筒の「脱構築」は、意味の規定性の無化を論じたその哲学的出発点である『神秘哲学』以来、自己の枠組みからの超出を目指すものだった（本書第四章第1節）。

自己の枠を超出すること、さらに日常的存在秩序そのものの枠を超出しようとする欲動。このように理解された脱自性は、人間誰でも実存の深みに秘めている情熱です。

（「コスモスとアンチコスモス」全集第九巻、三二〇頁）

社会的な生き物である人間は誰もが、自身を抑圧し、規定し、既存の価値観に閉じ込める「日常的存在秩序」を解体し、その彼方へ超出しようとする。

意味の開放性

異文化とは、自己を規定する枠組みを超出するものと捉えることもできるだろう。外国の文化だけでなく、自国の古典でも、同時代の別の社会的集団の言葉遣いでもいいだろう。異質なものと接触する時、理解不能な感触を誰しももつはずである。そのような自己の根拠と異なる秩序に触れる際に、異なる意味連関が有する異質性を拒絶して、それを理解可能なものに作り替えてしまうなら、自己の枠を超出することはできない。だが他者の秩序に身を置き、その枠内に留まり、理解をしようとする時、人は自分の秩序構造を脱構築している。そのことを井筒は次のように表現している。

常識的人間は、自分の生れ育った共同体の文化機構と、それの形成する世界像とを、自然的で、普遍的なものであると信じこみがちである。文化の底に作動している言語アラヤ識の存在など考えてもみない。だが、常識的人間のこの確信は、彼が異文化と接触し、なんとなく奇妙だと感じるや、たちまち根柢からゆるぎだす。（「文化と言語アラヤ識」全集第八巻、一八〇頁）

言語が生み出す秩序は言語や共同体ごとに異なる。異文化の接触は、母語によって慣習化された機構（言語アラヤ識）に変容を巻き起こす。井筒は、国文学者の佐竹昭広の著作『民話の思想』に寄稿した解説「意味論序説」において、伝統藝能の狂言で「まっとうな人」を意味する「またうど」を挙げる。「またうど」は、完人、全人、正人、真人などとも書かれる。この語は、意味秩序の規定性を超出する異質な意味の構造を如実に示す。

一つの語の意味あるいは概念の内部は、複数の意味要素が集合して構成する。これを「フィールド構造」と呼ぶ。その中の一つの要素に焦点が合わせられると、それが中核的な意味になり、残り要素はこの優勢的な意味に対して劣勢的な意味として潜勢する（「意味論序説」全集第一〇巻、四五六頁）。「またうど」は、複数の意味要素を潜在的に内包し、そのいずれかが文脈によって優勢的となり、また劣勢的となる意味の連関をもつという井筒理論を例証する。

「またうど」の意味には「まっとうな人」「正直者」の他に「おとなしい」がある。同一の「またうど」という単語が用いられる文脈次第で、「おとなしい」から「弱さ」へ、さらに「愚鈍」「薄馬鹿」「たはけ者」に、あるいは「馬鹿みたいに営々と働き続ける人」から「勤勉」という善の具体的な形へと意味が転じる。井筒によると、一つの語が好人物から怠け者までを意味する開放性・柔軟性を獲得できるのは、その語が否定的要素「強欲者でない」「邪悪でない」をも伴うからである。否定的な意味を介することで、元来の意味である「正直者」からかなり離れた肯定的な意味さえ生み出すことが可能になる。否定的要素は、「またうど」にかぎらず、あらゆる語の意味フィールドを広げる要因のひとつである（「意味論序説」全集第一〇巻、四六七頁）。これは意味構造が自ら枠組みを超え出るとも言える。

言葉は全て内部に複数の構成要素を持ち、そういった語の集合体（意味連関の全体）が一つの言語を構成する。それぞれの語の意味構成（フィールド構造）は、日常の意識レベルでは明確に整理され、固定化されている。そうでなければ、日常生活におけるコミュニケーションは機能しない。だが、言葉が記号である以上、それは時に「またうど」の例のように浮動的になる。井筒にとって重要だったのは、意識の深層では全ての記号が全ての方向に意味の可能性を開いている点であった。

「事事無礙」「理理無礙」の記号論

井筒にとって、佐竹の実証的な分析は、自身の意味論の有効性を証明するものであった。井筒の構想する潜在的意味の連関構造は、アメリカの哲学者で記号論の創始者であるチャールズ・サンダース・パース（一八三九―一九一四）以来、記号論が前提とする「無限の記号現象の構造」とも通底する。[6] パースの言う「無限の記号現象」とは、知らない言葉の意味を辞書で調べると、今度はそこに出てくる別の言葉の意味を調べねばならないように、記号としての意味が別の意味と無限に連関することを指す。このパースの記号論は「無限の記号現象」を展開したと言えよう。井筒は、イブン・アラビーの思想と仏教の華厳思想から記号現象の無限性を展開した。それを実践してみせたのが「事事無礙・理理無礙」である。この概念によって、井筒は意味マンダラの力動性である「アンチコスモス」が開放性・柔軟性をもつ理由を説明する。

　井筒は、三〜四世紀頃に中央アジアで編纂された大乗仏典『華厳経』から「事事無礙」の理論を取り出す。これは一つ一つの事物事象に全ての事物事象が映り込むあり方、すなわち事物事象が相互に依存し連関し合うあり方を活写する。個物の一つ一つが宇宙全体と相即するあり方を井筒は図1のように示す。井筒はこの用語をメタ言語に転換し、イブン・アラビーによる「神名論」（本書第三章）を論及する。それによって井筒はイブン・アラビーと仏教とが同型の直観を共有し、その基本構造を言語化することを示す。

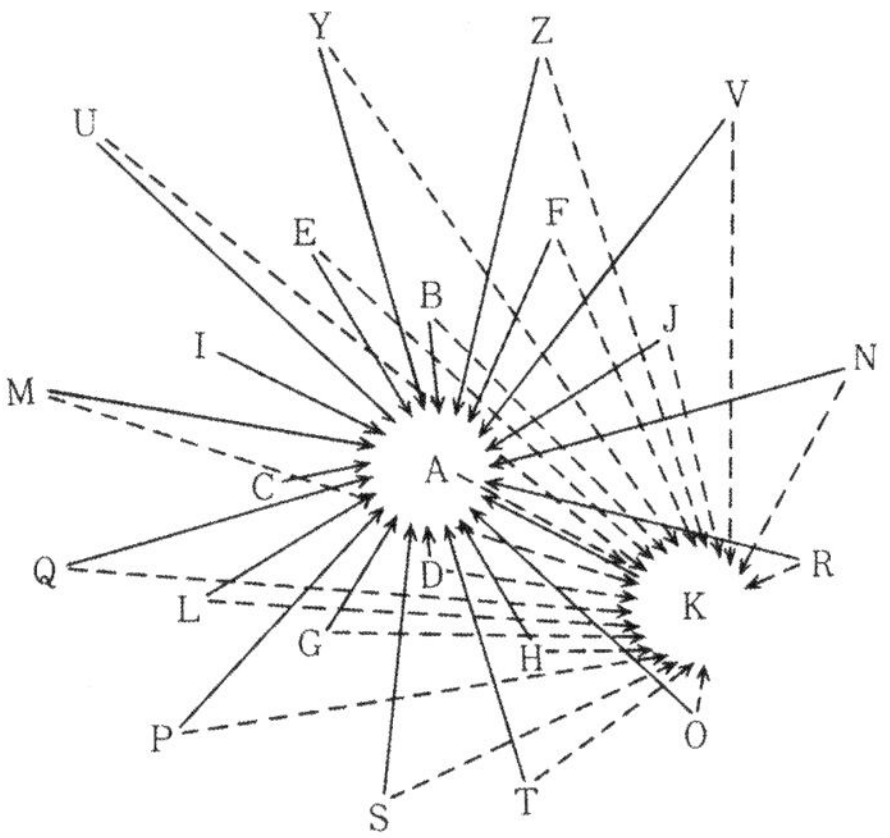

図１　事事無礙・理理無礙の相互連関モデル（全集第９巻、46頁）

道元は「事事無礙」を「老梅樹の忽開華のとき、華開世界起なり」（本書第四章）と表した。井筒は道元のこの言葉に続く「華開世界起の時節、すなはち春到なり」を引きつつ、それがイブン・アラビーの「新たな創造」を写実するものだと言う。井筒は、二人が描出する、極微の中に全宇宙が一瞬ごとに現成するという万物の相互連関の直観を比較し、相互参照させ、それが普遍性をもつことを提示する（「事事無礙・理理無礙」全集第九巻、四七頁）。

井筒はこのように「事事無礙」をメタ言語へと転換するだけでなく、そこから「理理無礙」へと展開し、イブン・アラビーの神名論へ接合する。理理無礙は『華厳経』には登場しないが、井筒も指摘するように、法蔵の兄弟子にあたる朝鮮の僧侶、義湘《ぎしょう》（六二五—七〇二）が用いた概念である。[7]『華厳経』では事物事象（事）と究極的な真理（理）が一つであることを、「理事無礙」と言う。これは、本質による規定性、すなわち意味を一義性で固定化することを解体し、本質の固定化が無化されることに対応する。あらゆる事が理と一つであるなら、理を介してそれぞれの事が一致するからである。理を通して事物事象を見るということは、本質を無化して、相依相関（縁起）において全ての事物事象を、そのつど生起する出来事として捉えることである。ここから義湘は、いずれの事にもそれぞれ理が含まれるなら、それぞれの事が理によって通底し、大いなる理と一つであることが確証されると述べる。これが「理理無礙」である。

イブン・アラビーの思想では「神名」が華厳の「理」に当たる。「統合的一者」を指す神名「アッラー」は、全ての自律的なアイデンティティとしての本質を虚妄として無化する。というのも、

「アッラー」という神名は、根源性そのものであり、あらゆる名（個物）に要素として含まれるからである。全個物が真理を宿すなら、全ては究極的な真理と一つになる可能性をもつと言える。無数の名という「理」が、究極的な「理」を内含するために、全てが究極へと還元されうる。個物に内在する絶対者が万物を一つにするという思考が、「理」と神名の議論に通底する。

> およそこのようにして、イブヌ・ル・アラビーの「事」的世界は「事事無礙」的に現成します。あらゆるものが、各々その存在論的位を守ってそのもの自体でありながら、しかも他の一切のものでもある。一粒の麦がすべての麦。一粒の麦が全世界。そしてまた、全世界が一粒の麦。一個のアトムのなかに、重層的に、一切のアトムの存在性が流入し、同様の構造をもった無数のアトムが、互いに他を映現しつつ、刻々に生じては消え、また生じていく。あらゆるものが重々無尽に滲透し合いつつ、走馬灯のように、かぎりなく流動する。万有円融の絢爛たる存在風景。イブヌ・ル・アラビーの観想意識に現われた、これが、神の世界の「事事無礙」的実相であったのです。
>
> （「事事無礙・理理無礙」全集第九巻、九五頁）

神名は万物の元型であり、事物事象は感覚や意識の鏡に現れた神名に他ならず、経験的な対象は全て神名に即した事物である。神名論は、存在と言語（名）とが一体であると説く。この場合、イブン・アラビーの考える神名は日常言語を構成する単語ではなく、神の自意識（統合的一者性の次元）

に顕現する元型イマージュである。したがってイブン・アラビーの神名論は「理理無礙」の世界像を有することが判然となる。これが意味マンダラの描写に転用される。

井筒は『意識と本質』で、元型イマージュが仏教のマンダラにおける仏という形象と類型的であることを指摘した（第四章）。マンダラにおける大日如来は、一切の事物を内含し、一切が同時に顕現するさまを映す（『意識と本質』全集第六巻、二四二―二四三頁）。イブン・アラビーの神名論と同様に、マンダラもまた「事事無礙・理理無礙」として捉えることができる。

マンダラは、第一義的には、意識のM領域に顕現するすべての「元型」イマージュの相互聯関システムである。そしてマンダラのこの全体構造性は、一切の事物、事象を、縦横に伸びる相互聯関の網目構造において見る仏教の存在観そのものに深く根差している。因果、理事無礙、事事無礙、等々の語が示唆するように、ここでは、いかなるものも、いかなるレベルにおいても、孤立してそれ自体では存在しない。すべてのものの一つ一つが輻湊する存在聯関の糸の集中点としてのみ存在する。マンダラ空間は、このような存在界全体の「元型」的「本質」構造なのである。

（『意識と本質』全集第六巻、二四六頁）

マンダラは一つの空間に、いくつもの如来や菩薩、仏、そしてその他の仏教的な像が描かれる象徴体系である。現実には無限の仏を描くことはできないが、そう見立てることは可能だ。マンダラを構成する部分としての仏はマンダラ内の一つの仏にマンダラ全体が含まれ、そこに内含されたマンダラに鎮座する無数の仏がさらにマンダラ全体を映し出す。マンダラの構成要素は元型イマージュであるから、マンダラが無限の記号現象である「理理無礙」を土台とすることが分かる。マンダラの構成要素である仏は、仏教文化を規定する仏の元型イマージュであり、イブン・アラビーの「神名」に対応する（第三章で論じた鏡のメタファーを思い起こして欲しい）。マンダラは仏教的な記号空間を叙景する。

この元型イマージュの空間では、一つの要素に全体が映し出される。マンダラを構成する各要素（元型イマージュ）に全要素が反射するなら、そこに映写された全要素に全体がさらに映され、その各要素に全体が映り、と無限に続く。これは事物事象（事）の物理的な構造ではなく、神名（理）の構造を炙り出す。井筒は意味記号がこの構造をもつからこそ、「意味マンダラ」という表現を用いるのだ。その構造を背景として、意味は事物事象を心に活写する。

意味マンダラは、その全体が構成要素の無限に連関し合う記号論的な「事事無礙・理理無礙」として立ち現れる。だが言語行為において、全体的な連関が言表されるわけではない。概して、日常行為の現場では、発された言葉の意味は一義化される。その際、意味マンダラの全体が一つの語に凝縮する。このことは、第二章で倒立した円錐の図を用いて、発話の瞬間に記憶が一つの一般観念に収縮する運動として説明した。可能的意味の全体が瞬時に一つの意味記号（語）に収斂する。すなわち、発された語は本来、意味の全体的な連関を内包する。言語行為はこの繰り返しである。この反復運動がもつ創造性や柔軟性のダイナミズムを井筒は時間の構造解明に転換する。

4　非連続の世界

創造不断

井筒は、イブン・アラビーの「新たな創造」を、万物に生が脈打つ経験として、存在世界が一瞬ごとに新しく創造される事態として捉え直す（「創造不断」）。井筒が『神秘哲学』以来、自己の哲学的な言語表現を彫琢し、描写しようと苦心してきたのは、万物が一瞬ごとに「有」に転じ、一瞬ごとに「無」の底に沈むこの経験である。人間は自己を含む万物の相対性を忘却し、物に名をつけ、相対的な指示対象を恒常不変であるかのごとく思いなす。あらゆる事物事象は、自己以外を否定することで自己の同一性を確保することから、無を存立根拠とすると言うことが可能だ。その「実相」に気づくことができるのは、万物の中で人間のみである。

　ただ人間にのみ、忽然としてこの実相が開示される瞬間が来る。そのとき、人は自己の、そして自己を囲繞する万物の没落しつつある無の深淵の怖るべき裂罅《れっか》をのぞき見て、思わず絶望の叫喚を発するとともに、それと同時に、落下する自己と万物とをどこかで優しくうけ止めてくれる不思議な愛の腕のあることに気づくのである。この幽玄な「一つのもの」にたいして、人は切ない懊悩と堪えがたい憧憬とを感じないであろうか。（『神秘哲学』全集第二巻、四四頁）

万物は底なしの無に転落する。万物を貫通して「有」を与える存在化の脈動を、井筒は自己の生命すなわち主体として捉え返す（『神秘哲学』全集第二巻、三四—三五頁）。既に論じたように、自己が万物に支えられる実感は肯定的に捉えられる。それと同時に、自己が他のいずれとも等しい内実をもつと見ることで、独自性が無化される。万物は内部をどこまで辿っても独自性という根底に至らない「無限の記号現象」、つまり意味マンダラとして意識されるのだ。構成要素の一つ一つの中に同じ構成要素があり、どの要素を覗き込んでも、無限に同じ要素全体が現象する。この経験が無底、無の深淵として自覚され、ここに至って人は絶望の叫び声を上げる。

人は万物が絶対的に他と異なって存立すると確信するほど、万物を連続的存在と見なす。だが井筒によれば、刻一刻と新しく生起する「世界」は、各瞬間のうちに同時に存在する全てを相互に連動させ、無限に複雑な相依相関の全体を構成していく。どの存在を意識するときも無化が介在するため、現実の存在は連続的にではなく、呼吸や心臓の鼓動のように断続的に現れると彼は言う。「新たな創造」について再度確認しておくと、それは「慈愛の息吹」によって、万物がそれぞれ自立するかのごとく存在化する運動であった（第三章）。井筒が強調するように、「新たな創造」は存在が常に新しいと認識するだけでは不十分である。イブン・アラビーは「心臓《カルブ》」（qalb）という語から「観想心」(qalb al-ʿārif) へと造語することで「心臓」の意味を転じる。井筒はこの転換に、形而上的認識の主体性の現れを見る。世界の「新たな創造」を「不断の脈動性」「脈搏性のダイナミズム」として心の動きと一致させる（全集第九巻、一三四頁）。そのとき「心の変転」(taqallub al-qalb) が実現する。この「変転《タカッルブ》」(taqallub) は「心／心臓」(qalb) から派生した語であり、心臓が刻々と脈動する「変化の断続性」を意味する。「心の変転」とは、心が神の存在付与を刻々と受容し、世界の不断の変容と同調し、心あるいは自己も刻々と開拓されつつ主体性が成立する経験である。

時々刻々に内的変化をとげていく観想的「我われ」のあり方が、すなわち、神的存在の自己分節的変化そのものの姿であるのでなければならない。イブヌ・ル・アラビーは言う、「観想者の心は絶対者の刻々の（自己顕現的）変様を、己れの心そのものの内的変様として自覚する」と。それが、それこそが、「創造不断」と呼ばれる形而上的事態なのである。

（「創造不断」全集第九巻、一四〇頁）

井筒は「心の変転」の概念を道元の思想に適用する。道元は、自己の変容にひたすら着目する。道元の思想を「創造不断」の語で記述することで、イブン・アラビーでは詳しく描かれなかった内的変容の機序が明らかになる。この概念同士の相補的な効果こそ、井筒のメタ言語の特徴であろう。同型と見られる思想同士を対比することで、片方だけでは見えてこなかった思想的意義が浮き彫りになる。存在を無化する心の内実が次の「前後際断」で明かされる。

「有時」と「前後際断」

井筒は道元が「いはゆる有時は、時すでにこれ有なり、有みな時なり」（『正法眼蔵』「有時」）、すなわち人が経験する存在《もの》（有）の本来のあり方は「時」であると述べる点に着目する（「創造不断」全集第九巻、一七一頁）。

> われを排列しをきて尽界とせり、この尽界の頭頭物物を、時時なりと覰見《しょけん》すべし。物物の相礙せざるは、時時の相礙せざるがごとし。（『正法眼蔵』「有時」）

世界は自分を含み込む形で存在する。世界から超出した視点から、世界を対象化してはならない。私たちはそのつどそのつど物に出会うたびに、それぞれの物はどれも時であると見なければならない。そうすることで、全ての事物事象は、物と物、時と時、例えば過去と現在と未来とが妨げ合わず、一つ一つに世界全体が内含される「出来事」として立ち現れる。道元の言う時とは、各事物がそれぞれ瞬間ごとに連なるあり方（「前後際断」）を指す。[8] それを「たきぎと薪」を譬えに次のように表す。

たきぎは、はいとなる、さらにかへりてたきぎとなるべきにあらず。しかあるを、灰はのち、薪はさきと見取すべからず。しるべし、薪は薪の法位に住して、さきあり、のちあり、前後ありといへども、前後際断せり。（『正法眼蔵』「現成公案」）

薪が灰になると元に戻らない。だが薪が先にあり、灰が後に生じると考えるのは正しくない。薪は薪、灰は灰であって、別物である。どちらも前と後で断絶している。名を実体として捉えるので、そこに連続性、同一性を見るのだ。冬が春になると言うなら、実体化できないはずの名を実体化し、さらにはそれが別の実体に置き換ると誤認することになる。意味マンダラにおいて各事物の名が瞬間ごとに断絶しつつ存在する経験を主体化するなら、物の見方は一義性の拘束から解放される。

熏習と時間性の構造

井筒はイブン・アラビーの「新たな創造」に基づき、道元の「有時」と「前後際断」の概念に時々刻々に経験される出来事の現成（創造不断）を見出し、時間性の構造へと考察を進める。「有時」の一挙展開と相依相関は華厳を根拠にし、「前後際断」の刻々たる変容は唯識を背景にもつ。「前後際断」は、経験が言語的か非言語的かに関係なく、言語化する可能性（種子）として蓄積され、一瞬も止むことなく生じては滅し、また生じては滅することを繰り返すことを意味している。これは、あらゆる行為がアラヤ識において移り香（熏習）を留めるという唯識の考えのように、一瞬の隙間

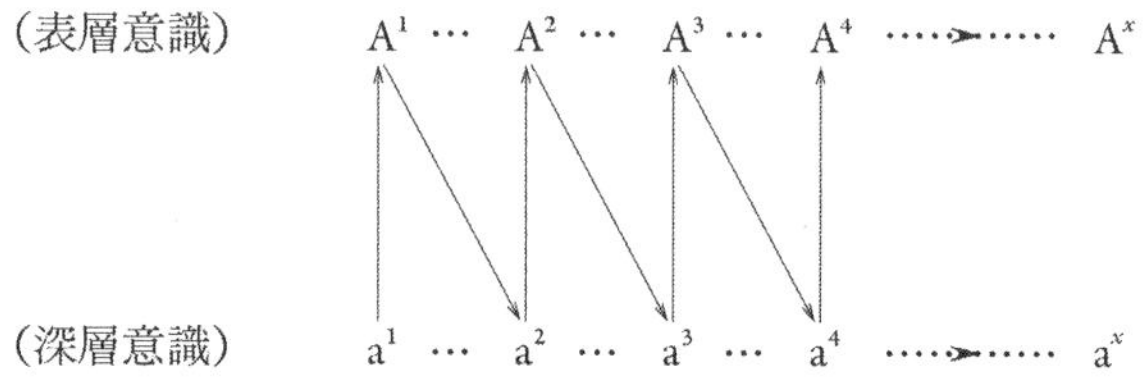

図２　熏習の構造モデル（全集第９巻、159頁）

もなく経験の痕跡として意味の可能体が相続されることを表す。[9]

井筒はその仕組みを次のように図を用いて説明する。事物Aは、Aとして存在し続けるのではなく、実際には刻々と変容する。したがって、Aの境位にはA^1からA^xと絶え間なく断続する。図２のうち、「表層意識」はAとして経験される事物を永続する存在として見ることが示されている。人は表層意識では瞬間ごとの事物の差異化に気づかない。

事物Aが現在、目の前にある何かとして意識に現れ続けるためには、A^1からA^xまで途切れず自己同一性を保っていなければならない。だが事物Aは、意識にとってそのまま留まり続けることはなく、A^1からA^2へと断続する。というのも、その連続性は、意識によって断ち切られるからだ。この断続は一直線ではない。事物は表層意識でイマージュA^1と見なされるが、それは深層意識における種子a^1の現れである。両方とも同一とされる事物Aのイマージュなのだ。A^1として与えられた印象は、直接、表層意識にA^2を生み出すことができない。意識は、A^1が消え去る際に深層意識にその痕跡として種子a^2を残す（熏習）。その痕跡が瞬時に表層意識に、A^2を現れさせる。その非連続性が無自覚に行われるため、事物はあたかも同一性を保つかに思われる。

すなわち、存在世界は時々刻々に新しく、時間はその度ごとに前後際断的「現在」として現成していく。いわゆる外的世界、いわゆる外的事物事象の認識は、その構造において、このような非常非断的時間性を示す。なだらかな、無間断的流れとしての時間形象は、日常意識特有の妄想として、ここでは完全に否定される。この点において、唯識の説く時間意識は、まさしく道元的「有時」の観念を、深層意識的に基礎づけるのである。

（「創造不断」全集第九巻、一六〇―一六一頁）

「前後際断」は、意識の機能から考えた、事物の本質認知が瞬間ごとに無化される仕組みを表す。先ほどのモデルで説明するなら、意識に蓄えられた即物的なイマージュaは、a^1からa^xに至るまで事物Aを意識に映す。だが、心中のaが外的な事物Aと一体化し続けると見なすのは、意味の規定性に依拠した思考である。意識のあり方としては、瞬間ごとのAのイマージュが無化されて、その自己同一的な連続性が無自覚に生起することが説明される。この瞬間の連なりが、時間の流れとして、あたかも時間があるかのように働く。これは、電波の悪い環境で細切れに映し出される動画を思い浮かべれば理解できるだろう。イブン・アラビーや道元の目には、全世界は、運動の連続性を失った映画のように、途切れ途切れに出現する。この非連続的な世界の現象は、人間の意識の側から見られた世界のあり方である。

5　意味の継承

熏習としての意味生成

このような世界観の一つとして、井筒は仏教の理論書『大乗起信論』（五〜六世紀ごろ成立）を遺著『意識の形而上学』で取り上げる。その中で井筒が描き出すのは、存在を認識する心の働きである。すなわち彼は、『大乗起信論』が独自の理論として描く「熏習」の仕組みを意味生成の構造へと読み替え、その意味化のプロセスを「熏習」のプロセスとして捉え直すのだ。意味生成の生じる場とされてきた深層意識（言語アラヤ識）を、ここで井筒は、『大乗起信論』の用語を用い、心の双面性を指す「和合識」と換言する。

「和合識」としての「アラヤ識」は「真」（A）「妄」（B）二方向に向う。A↑Mは「覚」への方向、M↓Bは「不覚」への方向。MからAに向っては向上・還滅の道。MからBに向っては生滅・流転の道。この「和合識」性において、つまりこの意識論的双面性において、「アラヤ識」は個人個人の実存構造に、そして実存的自己形成の道に、深く関わってくるのだ。

（『意識の形而上学』全集第十巻、五五一頁）

個人の実存意識が、アラヤ識（M）から真（A）に達すれば——すなわち既存の価値観や意味の規定性に依拠することなく、直接性において捉えられた経験のリアリティという極点に達すれば——、「仏心」（ここでは、全てを無規定において捉え、なおかつ固有性を見失わない意識）が実存体験として実現され、「無」の意識が体験される、と解釈できる。この意識構造は、新たな自己を形成する土台でもある。もし人が、心の働き（意味）を実体化する誤りに気づくのであれば、アラヤ識（M）は「仏心」である「無」を体験する基礎にもなる。だが、実体化という事物への固執の原因が自分にあることに気づかず、自分の外に全ての原因を求め続けるならば、迷いから抜け出ることがない。ここには、同じプロセスを改善に転じさせるか、囚われの連鎖に転じさせるかの違いがある。迷いの心を浄化できるというのが『大乗起信論』の理論である。井筒は意識が「仏心」とは逆方向の「妄」に進む（無明）プロセスを、意味イマージュが実体化されるプロセスと捉える。

人を迷いの渦に巻き込む「無明」は、薫習によって、繰り返し意味の実体化を行わせ、事物の自己同一性がリアリティであるかのように惑わせることで強化される。井筒はそれを意味化と捉えるのだ。薫習は、あらゆる行為が人間の心の最深部に影響（種子）を残す働きのことである。

井筒は、生々流転の存在界が出現する薫習の過程を三段階で描写する。第一段階では、「無明」が起点となって、「妄心」を引き起こす。第二段階では、妄心（言語アラヤ識）は「無明」に反作用（逆薫習）して、迷いの心（無明）の力を強める。その結果、心の働き（意味）を心の外的実在と同一視し実体化してしまう。すなわち、意識の対象となる意味イマージュが生み出される。第三段階で生み出されたこの意味イマージュは、生み出した側の妄心を強化し、意味イマージュを実体化する心もまたその渦の中へと引き込まれていく。

逆熏習を考慮したプロセスに、井筒は「記号的流動性」を見る（同、五八四頁）。熏習の流動性を井筒は活用し、『意識の形而上学』の中で、逆熏習を再現する。それは、新たに単語を創出（借用）するのではなく、『意識と本質』の中で「本質」の語に新しい意味を与えたのと同じ操作である。つまり、意識現象を『意識の形而上学』で意味現象として捉え直したと言える。井筒が意図的に正名論や存在一性論などを取り上げる際に、中世哲学とは異なる文脈で「本質」を使用したことで可能になった。その操作によって「本質」を、言語的な一般者（例えば正名論）にも元型イマージュ（例えば存在一性論）にも適用できるメタ言語に作り変えた。この操作を意味現象として見るなら、「本質」によって元型イマージュを意味できるようになったことを指す。この操作は『意識の形而上学』第二部第七節で「間文化的意味論の実験」と呼ばれる（同、五一四頁）。これは、異なる文化の間での言語接触を通じて、新たな意味が生じる現象として理解できる。

概念の創出

井筒は『大乗起信論』の鍵語である「心」を、現代的な語としての「意識」に翻訳する。そうすることで、自身の思考に変化をもたらそうとする。「意識」は現代の用語としては、対象を認知する人間主体の機能を指すだろう。それに対し、仏教用語の「心」は、全宇宙を包摂する仏の心のように、個的主体を遥かに超えるものである。しかも「心」は、妄念を生み出すとともに、『大乗起信論』の立場では悟りの場ともなる。当然、現代の哲学的・心理学的な用語である「意識」にそのような意味はない。だが「意識」を「心」として用いることで、「意識」の意味内容に仏教的な意味要素が加えられる。「心」の意味要素を含んだ「意識」を現代的な思考に導入することで、その思想が新たな形で蘇ると井筒は考えるのだ。これは同一言語内でも起きる現象である。

井筒は『言語と呪術』でこの意味の操作について次のように語っていた。

> 内包対象の巧みな操作によって、一人の独創的な哲学者は自分が望む怪物を何でも呼び起こし、驚愕した一般人の目の前でそれが実際に存在するように誇示できる。（一二六頁）

井筒は、同一の言語内である語を別の語の代わりに用いたり、特定の語と組み合わせて用いることで、両者の間に意味の連関を作り、相互に意味を規定しあう関係を「間言語的（inter-verbal）な定義」と呼ぶ。その一例を井筒はサルトルの『存在と無』から示す。サルトルによれば、「愛」という心的状態を示す言葉は、根本的に曖昧であるため、「愛」の意味として「〈他者〉の私物化」や「自由であるかぎりにおける〈他者〉の自由の隷属化、いわば自由それ自体による自由の隷属化」の側面も含む（同、一二四頁）。サルトルは愛という心的現象の奇妙な混合を描く。

〔恋人間では〕一方は、他方から愛してもらいたいと思っているにもかかわらず、「愛するとは愛されたいと思うことである」ということに気がつかないし、したがってまた、「他方から愛してもらいたいと思うことによって、こちらが欲しているのは、実は、他方がこちらから愛してもらいたいと思うようになることである」ということに気がつかない。

（*L'Être et le néant*, p. 444／『存在と無』七三〇頁）

愛は束縛を伴う。それは、愛する人の意志の自由を奪い、自分の意志を実現するための道具になるよう相手に求めるのと変わらない。人に愛されたいという願望が「愛する」という行為に含まれるなら、それは自分の幸福を目的とする自己愛に過ぎないことになる。サルトルは愛における服従や、愛による自由の剝奪を描く。それは「愛」という語から通常理解されるのとは、正反対の状態である。このことは恋人同士に限定されない。多くの人が他者に同意を求め、自分の意見が他者の意見と一致することに安心する。それは他者に自由な意志を認めないことでもあるだろう。

彼は「愛」という語を維持し、その際、この語の習慣的な内包をとどめつつも、しかし同時にひそかにそのなかに「憎しみ」という言葉に連関する普通の内包を取り入れ、それらを混ぜ合わせて、読者の心のなかに愛の怪物を出現させることに成功している。

（『言語と呪術』一二五頁）

サルトルは人間の感情という「怪物」を描き出した。言葉が通常、使用されるのとは異なる文脈で用いられると、それまで存在していなかった意味要素が生じる。井筒は、この間言語的な定義をサルトルが「愛」の論述において実践することで本来正反対の意味をもつ「憎しみ」を含意するようになる現象を再現して見せた、と評する。これは、井筒が一貫して関心を抱き続けた、新しい意味、新しい概念が創出される原理と通底する。

井筒の言語論は「熏習」の概念に「意味化」の仕組みを見出し、深層意識に意味が蓄積されると措定する。現実の言語では、語が流動的に交流し、新たな意味を生む。このように意味構造を動的に捉えることが、井筒の言語哲学を理解する上で重要であるだけでなく、私たちが哲学の仕事として新しい概念を創出するための創造的な源泉となるだろう。

6　自由なる思考を求めて

井筒は意味の働きを固定化せず、思考を自由に働かせる方法を模索した。彼のアンチコスモス的「東洋哲学」は存在解体を目指すが、それは現状を破壊する操作ではなく、新たな概念を構築することである。井筒は深層意識、つまり意味の深みから言葉の働きを捉え、分析することで概念を創出し、哲学を前進させようとしたからだ。ここまでの議論を振り返りつつ、井筒哲学のもつ意義に関する要点を示したい。

言葉の意味は、常に連関の中にある。その連関に降り立たねば、意味の理解は不十分になる。このような意味の連関は、経験を生き生きとさせる機能でもある。だがこの機能は、意味を一義化して、私たちを経験の実相から遠ざけるようにも働く。それは、第一章で見たように、意味を固定化し、実体化する行為である。

第二章では、井筒の意味論を用いて、深層意識に潜む連関的な意味を意識化する例として、和歌を実験的に読み解いた。歌会で詠まれる瞬間や手紙として誰かに届けられる情景、歌集での配置を想起してもらいたい。そこでは状況や文脈、季節や時間帯といった条件が意味を確定した。それぞれの歌が歌集に編まれるときには別のコンテクストに置かれ、全く同じ歌でも異なる意味になる。『新古今和歌集』から引用した俊成女による歌「風通《かよ》ふ寝覚《ねざめ》の袖《そで》の花の香《か》にかをる枕《まくら》の春の夜《よ》の夢」では、最初に詠まれた時には「花」が梅を指し、後に「桜」に一義化した。これは文脈が意味を規定する例であった。

第三章では、固定化された世界経験を流動化させる思考を、イブン・アラビーや老荘思想の存在主義における「存在」の理念に見出した。それはそのつどの経験を「新たな創造」として捉える思考だった。井筒はこの「存在」の概念を基礎にして、「東洋哲学」を主体化する立場を確立した。その存在主義とは、言語論としては、意味による規定性を実体化する本質主義である。意味は日常では規定性をもたねば、コミュニケーションの道具として機能し得ない。もし、既成概念や固定観念に囚われずに、心に映じる経験が、どのような意味連関として立ち現れるのかに目を凝らすなら、意味の無規定性の場所を開拓する必要がある。

井筒は、イブン・アラビーによる理論を意識構造の解明に転用して、意識表層において経験を把捉するのか、意味が流動化する下意識のイマージュ空間において経験を捉えるのかによって、その経験が心に映じるさまが異なる原理を説明した。また、一義的な概念を、複数の視点からできあがる連関の中に開き、経験を捉え直すためには、存在零度という意味の無規定性の場所を措定する必要があった。

それは禅の修行や古代ギリシア思想、イブン・アラビーの思想では、無の深淵として経験されるだろう。それらに基づいて井筒は、無の深淵が意味の実体化や固定化を解体する機能そのものである、と捉えた。この井筒の理論に従って、第四章では、井筒の「東洋哲学」が、意味の一義性の下層に、流動化する意味の連関が控えていることを明らかにし、この流動化を実践するのが和歌の「眺め」の技法であることを明示した。

下意識に潜む連関的意味は、状況や文脈によって現実にもたらされるような連関ではない。それは、古来の慣用によって形成された意味の連関を自覚することで明確になる。その点では文化的範例による規定性を被るだろう。それは、古来の用法として保存された複数の他者の声や視点を、己の主体性のうちに呼び覚ます言語行為であり、個人の主体性を十全に発揮する可能性をもつ。そのような「意味マンダラ」を可能な限り意識化することで、目の前の現実を、一義的に捉えず、開いた意味世界に語り直していく自由自在な思考実験として、再び俊成女らの和歌における「眺め」の技法をもって示した。それは、一義的な意味による規定性の解体であり、思考を単一で一般的な概念に封印せず、流動化させる技法である。

本章では井筒の思考が、主著の『意識と本質』を超えて、最晩年の「東洋哲学」における主体性の解明に進み、刻々たる世界現出を意味論として語り直すのを確認した。井筒が存在と本質を考察しながら探究したのは、経験が意識にどう現れるのかを解明することだった。それは、主著や遺著の『意識の形而上学』のタイトルからも分かるように、常に意識の基底構造に宿る「自己」の探究の歩みだった。それを「アンチコスモス」として、存在論(創造不断)と時間論(前後際断)に探った。井筒が探究した東洋的主体性とは、解体と創造の力そのものであるアンチコスモスを直観し、意味として貯蔵された複数の他者の声や視点を救い出す思考の主体性であろう。

絶え間なき前進

井筒の哲学は、自由に思考する可能性に確固たる基礎を与えてくれる。彼には、固定観念によって規定された言葉の意味が、表層意識からは隠された無限の意味に支えられているという直観があった。その直観にもとづき、言語学や哲学、心理学、人類学、文学の叡知を用いて、言語の秘密を明らかにしたのが『言語と呪術』だった。このテーゼは、井筒の中で二つの道を取ったように思われる。一つは、意味が確立する瞬間と「アラビア語」である。第二章で見たように、イスラームが成立する前と後で「意味の構造」に変化が生じた。それを明確に分析することのできるアラビア語の文献は豊富に存在する。だからこそ井筒は、アラビア語によって書かれたクルアーンを中心とする思想伝統を考察対象に選んだ。もう一つは、仏教の唯識説である。唯識論は第四章で論じた通り、意味の規定性と無規定性を問題にする。井筒はその理論化を試みた。

井筒は、活動を開始した初期から最晩年に至るまで、数多の主題をめぐり一貫性のある思索を紡いだ。その歩みは、この二つの選択に支えられている。井筒が自己の哲学の方法論を構築し、彫琢するのを支えたのは、物心ついた頃から禅や老荘思想、儒学などの漢籍によって涵養された精神と、ギリシア語やアラビア語の古典を自由に読みこなす言語能力であったのは間違いない。それらの条件が揃うことで、井筒は世界的な哲学者として認められるに至った。井筒は、意味の規定性に無自覚であることから生じる硬化した思考や固定観念に縛られずに、経験のさなかで充溢する意味を捉え、理論化しようとした。彼は儒教や老荘、仏教の古典、あるいはアラビア語の聖典や古典の解釈史を研究し、意味を自由な創造性へ送り返す技法を身をもって知っていた。だからこそ、社会を規定し文化を形作る古典を、自由に思索する源として読み直し続けたのだろう。

習慣、社会、日常言語に不可欠な意味の規定性は、意味の豊穣さを犠牲にせざるをえない。だが同時に意味とは「潜在的な可能性の宝庫そのものであり、条件が揃えば思いがけない分岐線にそってさまざまに展開しうる」と井筒は考えた（『言語と呪術』九八頁）。意味が形作る「世界」は、豊饒な世界の可能性そのものである。言語の創造性と無限の可能性こそ、井筒が生涯をかけて解明しようとした主題だった。

井筒の思索は、自由な思考の根拠を探ることであり、また言語の自由を自らの表現の可能性として探究する実践哲学である。それは目の前の事物や社会、思想的基盤が言語によってどのように規定されているのかを分析し、対象となる異文化や他者、そして自己を真に理解しようとする営みだった。それは、目の前の「花」であろうと、異文化であろうと、哲学や文学であろうと、それらがよって立つ前提条件から捉え直し、その理解を固定観念に囚われずに「言葉」によって表現することだ。井筒の言語探究は、自己探究でもあり、自己表現の探究でもあった。言うまでもなく、私たちは心底に蓄積された言葉と文化によって支えられる存在である。そこに蓄積された複数の声と視点を一般化せず、それらを言葉の意味として自由な言説空間に送り出し、思い込みに安住せず語り直す。そのような世界との対話は、生きるに値する日常を実現するための、絶え間なき前進である。

注

第一章

1　原著 *Language and Magic* は慶應義塾大学出版会から二〇一一年新版が刊行された。翻訳は安藤礼二監訳・小野純一訳『言語と呪術』慶應義塾大学出版会、二〇一八年。

2　一例を挙げるなら、「王女と魔法にかけられた王子」「蛙の王様、または鉄のハインリヒ」「蛙の王子様」といったタイトルで知られる変身譚では、王子が魔法によって蛙に変身させられる。Brüder Grimm, *Ausgewählte Märchen*, Studienausgabe, herausgegeben von Ulrich Hohoff, Reclam: Stuttgart, 2020, S. 9–24.

3　Richard Stephens, John Atkins and Andrew Kingston, "Swearing as a response to pain", *NeuroReport*, Vol. 20, No.12, 2009, pp. 1056–1060. 社会的違反の心理的効用を紹介する以下の著作にもこの成果が登場する。リチャード・スティーヴンズ『悪癖の科学——その隠れた効用をめぐる実験』藤井留美訳、紀伊国屋書店、二〇一六年、九八—一〇二頁。

4　Ibid., p. 1059.

5　井筒が依拠するカッシーラーは「言葉の呪術的機能」について叙述する。エルンスト・カッシーラー『人間——シンボルを操るもの』岩波書店、一九九七年、二三九頁。

6　井筒は、言語が論理的な機能の根底につねに呪術を発動させるのを「倍音」と呼ぶ（井筒『言語と呪術』、六頁）。楽器は素材によって倍音の含まれ方が異なり、同じ高さの音も異なって聞こえる。現実の効果に違いをもたらす仕組みとして、つねに「呪術」は言語行為に含まれる。

7 この点は指示機能の発生を論じた考察を含む以下の著作でも論じられる。菅野盾樹『示しの記号――再帰的構造と機能の存在論のために』産業図書、二〇一五年、七九頁。
8 井筒はドイツの哲学者ルドルフ・カルナップやイギリスの哲学者マーガレット・マクドナルド、アメリカ人哲学者のC・L・スティーヴンソンに依拠する。さらに次作『クルアーンにおける倫理語の構造』(*The Structure of the Ethical Terms in the Koran: A Study in Semantics*, Keio Institute of Philological Studies, Keio University, 1959, ch. III) でもスティーヴンソンの主著『倫理と言語』や、分析哲学とメタ倫理学の基礎を築いたイギリス人哲学者ジョージ・ムーアや、リチャード・M・ヘアを参照し、倫理学の情動主義 (emotivism) を参照する。
9 李長波「古代中国語の指示詞とその文法化について」『Dynamis――ことばと文化』第三巻、一九九九年、四五―七二頁。
10 橋本陽介「現代中国語における〝判断詞〟「是」と〝副詞〟「是」の連続性とその機能」『藝文研究』第一〇五巻、第一号、二〇一三年、二三四(三三)―二五一(一六)頁。
11 W・O・クワイン『現代論理入門』杖下隆英訳、大修館書店、一九七二年、二四頁。井筒はクワインの記号論理学を教えたことがある(松原秀一「つかずはなれず四十年」若松英輔編『井筒俊彦ざんまい』慶應義塾大学出版会、二〇一九年、三四頁)。事実、私が二〇二三年三月六日に慶應義塾図書館「井筒俊彦文庫」を調査したおり、クワインの英語原著『論理学の方法』(Willard van Orman Quine, *Methods of Logic*, Routledge & Kegan Paul, 1952) に学生教育を念頭におくと思われる詳細な書き込みを確認した。
12 冨田恭彦『ロック入門講義――イギリス経験論の原点』筑摩書房、二〇一七年。
13 冨田『ロック入門講義』八〇頁。関口浩喜「経験主義の三つのドグマ」『言語哲学を学ぶ人のために』野本和幸・山田友幸編、世界思想社、二〇〇二年、五八―五九頁。
14 関口「経験主義の三つのドグマ」五九―六四頁。

15 近年の言語学でもこの説が提唱されている。レイ・ジャッケンドフ『思考と意味の取扱いガイド』大堀壽夫ほか訳、岩波書店、二〇一九年、参照。

16 ウンベルト・エーコ『記号論入門——記号概念の歴史と分析』谷口伊兵衛訳、而立書房、一九九七年、一〇六—一〇七頁。

17 エーコ『記号論入門』二一〇頁。

18 井筒と同時代のグレゴリー・ベイトソンは人類学者の観点から言語化やコミュニケーションを論じ、言語と実在の構造を混同しないよう注意を促す（『精神と自然——生きた世界の認識論』岩波書店、二〇二二年、一一九—一二一頁）。

19 井筒が参照するスザンヌ・ランガーは、古代の音楽からクラシック音楽など多くの例から、音楽が情動を引き起こすと論じる（『シンボルの哲学——理性、祭礼、芸術のシンボル試論』岩波書店、二〇二〇年、第八章）。その後、音楽が情動へ作用する実証的な研究が、世界的に心理学、生理学、脳研究で膨大に蓄積されている。星野悦子編著『音楽心理学入門』、誠信書房、二〇一五年。

20 堀内勝「〈原典翻訳〉付説——『マカーマート』の文体サジュウについて」『イスラーム世界研究』第六巻、二〇一三年、四二八—四六六頁。

21 カレン・アームストロング『イスラームの歴史——一四〇〇年の軌跡』小林朋則訳、中央公論新社、二〇一七年、四—五頁。

22 サ行がもたらす印象を含め、日本語の擬音語が情動に与える印象を調べた実証研究がある。坂本真樹『五感を探るオノマトペ』共立出版、二〇一九年。

第二章

1　『クルアーンにおける神と人間――クルアーンの世界観の意味論』鎌田繁監訳、仁子寿晴訳、慶應義塾大学出版会、二〇一七年、『イスラーム神学における信の構造――イーマーンとイスラームの意味論的分析』鎌田繁監訳、仁子寿晴・橋爪烈訳、慶應義塾大学出版会、二〇一八年。

2　実際、井筒は『言語と呪術』でも依拠したバートランド・ラッセルやルドルフ・カルナップ、さらに言語分析に基づいて倫理の問題に迫ったジョージ・E・ムーア、その下で学んだアメリカ人哲学者チャールズ・L・スティーヴンソン、リチャード・M・ヘア、あるいはヴィトゲンシュタインの英訳を手伝ったチャールズ・K・オグデンとオグデンとの共著でも有名なアイヴァー・A・リチャーズなどを参照する。彼らは、現代の倫理学を作った主要な言語哲学者たちである。情緒主義やその発展的な議論を井筒は体系だって参照した。

3　ムハンマド・アル＝ブハーリー『ハディース』第一巻、牧野信也訳、岩波書店、二〇〇一年、二〇―二一頁。

4　佐々木宏幹「シャマン・シャマニズム」『文化人類学事典』弘文堂、一九八七年、三四四―三四五頁。

5　近代の宗教学ではシャマンの体験の極致としてムハンマドの体験をとらえる立場もある。ヨアン・P・クリアーノ『異界への旅――世界のシャーマニズムから臨死体験まで』桂芳樹訳、工作舎、二〇二一年、とくに第一一章参照。井筒もシャマンの脱魂と類型的であるとして、ムハンマドや神秘思想家の体験を指摘する（全集第六巻、一八九―一九〇頁、第九巻、二八〇頁、全集第一〇巻、三七八頁など）。

6　この見解は、現在の認知科学的な言語論で実証されている。佐治伸郎『信号、記号、そして言語へ――コミュニケーションが紡ぐ意味の体系』共立出版、二〇二〇年参照。

7　峯村文人校注・訳『新古今和歌集』小学館、一九九五年、五二頁。

8　小西甚一『「道」――中世の理念』講談社、一九七五年、五四頁。

9　それぞれ『クルアーンにおける神と人間』（三三五頁）、「イスラームの二つの顔」（全集第六巻、三八八頁）、「ライトモチーフ」（『イスラーム文化』（全集第七巻、七九頁）参照。

10 小西『「道」——中世の理念』六四頁以下。

11 同、六八頁以下。

12 カレン・アームストロング『イスラームの歴史——一四〇〇年の軌跡』小林朋則訳、中公新書、二〇一七年、三一頁。

13 日本でも息をかける呪術が多数ある。常光徹「息を「吹く」しぐさと「吸う」しぐさ——ウソブキとねず鳴きの呪術性」『国立歴史民俗博物館研究報告』第一〇八集、二〇〇三年一〇月、二五五—二七〇頁参照。

14 ドイツの哲学者ハンス＝ゲオルグ・ガダマーは、この言語観の起源をキリスト教に辿る（ハンス＝ゲオルグ・ガダマー『真理と方法』轡田收・三浦國泰・巻田悦郎訳、法政大学出版局、二〇一二年、第三部第二節b参照）。ガダマーの言語観は井筒が大いに参照したヴィルヘルム・フォン・フンボルトの言語思想、さらにドイツの哲学者ライプニッツに遡る（ユルゲン・トラバント『フンボルトの言語思想』村井則夫訳、平凡社、二〇〇一年、一四頁参照）。これに関して、日本の哲学者である坂部恵はライプニッツ哲学が、ヘブライ、アラビア、ペルシア、シリアの言語観を背景にすると指摘する（坂部恵『坂部恵集』第二巻、岩波書店、二〇〇六年、一七—一八頁。同、第四巻、二〇〇七年、三七四頁。同、第五巻、岩波書店、二〇〇七年、三七八頁）。井筒はこの言語観の成立の瞬間を、アラビアに限定して詳細に分析し例証したと言える。

15 フェルディナン・ド・ソシュール『新訳 ソシュール一般言語学講義』町田健訳、研究社、二〇一六年、二七—二八頁。井筒の講義については以下を参照。若松英輔編『井筒俊彦ざんまい』慶應義塾大学出版会、二〇一九年、一四頁。

16 ソシュール『新訳 ソシュール一般言語学講義』一七三頁。

17 村上博子作成「慶應義塾大学井筒俊彦教授「言語学概論」講義録」、一九五二年、参照（慶應義塾大学言語文化研究所所蔵)。

18 アンリ・ベルクソン『物質と記憶』杉山直樹訳、講談社、二〇一九年、二三三―二三四頁。Bergson, *Œuvre*, textes annotés par André Robinet, Paris: PUF, 1959, p. 301.

19 ベルクソン『物質と記憶』二三五頁。Bergson, *Œuvre*, p. 302.

20 井筒が『意味の構造』で参照する論理学者コーエンは、意味が固定されず揺れ動いている状態「薄暮地帯(twilight zone)」を人間にとって不可欠であると述べる。モリス・ラファエル・コーエン『論理学原論』大久保忠利訳、先駆社、一九四九年、一一〇頁。コーエンはアイルランドの哲学者ジョージ・バークリ(一六八五―一七五三)や同国の美学者・政治家エドマンド・バーク(一七二九―一七九七)の連想心理論を参照する。

21 二〇二三年三月六日の慶應義塾図書館「井筒俊彦文庫」調査による。

第三章

1 Raymond Klibansky, *Idée sans frontières: histoire er structures de l'Institut international de philosophie*, Paris: Les Belles Lettres, 2005, p.99.

2 スピノザ『思想の自由について』畠中尚志訳註、理想社、一九六七年。この日本語訳に序として運動の主催者であるクリバンスキー本人が「哲学と世界共同体」の主旨を記した(同、v頁)。

3 例えば、イタリア語対訳版は一九六一年(John Locke, *Lettera sulla tolleranza*, testo latino e versione italiana di Lia Formigari, Premessa di Raymond Klibansky, Intro- duzione di Ernesto de Marchi, Firenze: La Nuova Italia editrice)、フランス語対訳版は一九六四年(John Locke, *Lettre sur la tolérance*, texte latin et traduction française par R. Klibansky, traduction et introduction par Raymond Polin, Paris: PUF)に出版された。

4 前田雅之『古典と日本人――「古典的公共圏」の栄光と没落』光文社、二〇二二年、四一頁。

5　中村敬『なぜ、「英語」が問題なのか？――英語の政治・社会論』三元社、二〇〇四年、第六章、参照。

6　イブン・アラビーの『叡知の台座』（*Fuṣūṣ al-ḥikam*）や井筒の *Sufism and Taoism: A Comparative Study of the Key Philosophical Concepts* からの引用は『スーフィズムと老荘思想』（仁子寿晴訳、慶應義塾大学出版会、二〇一九年）による。

7　井筒は『スーフィズムと老荘思想』で「本質（māhīyah）」を「何であるか性」（quiddity）と理解する。

8　井筒俊彦『老子道徳経』古勝隆一訳、慶應義塾大学出版会、二〇一七年、一九―二一頁、参照。

9　内山俊彦『荀子』講談社、一九九九年、参照。

10　禅の研究で知られる衣川賢次は同じ箇所を引用し、禅が言語によらない世界の把握を追究することを指摘する。衣川賢次「竹篦子の話――禪の言語論」『東洋文化研究所紀要』第一七六冊、二〇二〇年、一三―一四頁。

第四章

1　『スーフィズムと老荘思想』だけでなく『意識と本質』以降の井筒の思索も「比較哲学」として意義づけた議論として以下を参照。バフマン・ザキプール『井筒俊彦の比較哲学――神的なものと社会的なものの争い』知泉書館、二〇一九年。

2　同イスラームの神秘主義には海に喩える伝統がある（『イスラーム思想史』全集第四巻、三六六頁）。このヴィジョンは西洋哲学でも用いられる。山内志朗『中世哲学入門――存在の海をめぐる思想史』筑摩書店、二〇二三年。第六章、参照。

3　この構造モデルの意義については、以下を参照。斎藤慶典『「東洋」哲学の根本問題』講談社、二〇一八年。永井晋『〈精神的〉東洋哲学――顕現しないものの現象学』知泉書館、二〇一八年、特に第七章。

4　垣内景子『朱子学入門』ミネルヴァ書房、二〇一五年、四二頁。

5　垣内景子『朱子学入門』一〇五頁。
6　朱熹「太極図説解」『太極図説・通書・西銘・正蒙』西晋一郎・小糸夏次郎訳註、岩波書店、一九八六［一九三八］年。三浦國雄『「朱子語類」抄』講談社、二〇〇八年、三〇一頁。
7　中国思想については、とりわけ中島隆博『中国哲学史——諸子百家から朱子学、現代の新儒学まで』中央公論新社、二〇二二年を参照。インド思想については、特に以下を参照。赤松明彦『インド哲学10講』岩波書店、二〇一八年。ロイ・W・ペレット『インド哲学入門』加藤隆宏訳、ミネルヴァ書房、二〇二三年。
8　木村清孝『『正法眼蔵』全巻解読』佼成出版社、二〇一五年、三〇九頁以下、参照。
9　奥野陽子『式子内親王集全釈』風間書房、二〇〇一年、三〇四—三〇五頁。
10　奥野陽子『式子内親王集全釈』二六〇—二六二頁。『意識と本質』ではこの歌の「眺めむ」が「詠めん」となっているが、これは写本による校異ではなく誤植と思われる。
11　三崎義泉『止観的美意識の展開——中世芸道と本覚思想との関連』ぺりかん社、一九九九年、第四章。
12　小西甚一『「道」——中世の理念』講談社、一九七五年、五九—六一頁。思考形式を問う井筒は、歴史的影響を問わないが、周知の通り宋学や和歌は天台宗の修行・瞑想法（止観）を体系化した『摩訶止観』の影響下にある。三崎義泉『止観的美意識の展開』参照。
13　小西甚一『「道」』五九—六一頁。三崎義泉『止観的美意識の展開』参照。
14　その立場を分かりやすく語ったものに以下がある。ノーム・チョムスキー『生成文法の企て』福井直樹・辻子美保子訳、岩波書店、二〇一一年。

第五章

1　安藤礼二「井筒俊彦と華厳的世界——東洋哲学樹立に向けて」『井筒俊彦の東洋哲学』澤井義次・鎌田繁編、慶

慶應義塾大学出版会、二〇一八年、一六三頁。
2 須藤訓任「ニーチェ」『哲学の歴史 第9巻 反哲学と世紀末』中央公論新社、二〇〇七年、参照。
3 井筒のこの側面を安藤は「ディオニュソス的」と呼ぶ。安藤礼二「ディオニュソス的人間の肖像」(『群像』二〇二〇年七月号、講談社)、二〇二〇年。
4 垣内景子『朱子学入門』ミネルヴァ書房、二〇一五年、第三章、参照。
5 千葉雅也『現代思想入門』講談社、二〇二二年、第一〜第三章、参照。
6 ウンベルト・エーコ『記号論I』岩波書店、一九九六年、一一八頁。
7 木村清孝『教養としての仏教思想史』筑摩書房、二〇二一年、二二五―二二七頁。
8 竹村牧男『道元の〈哲学〉――脱落即現成の世界』春秋社、二〇二二年、第六章。
9 唯識をはじめとする仏教学の研究者、竹村牧男は、井筒がアラヤ識を自身の理論から解釈するに過ぎないと批判する。井筒はあくまでアラヤ識や熏習、種子といった概念の可能性を展開しようとした。外部から新たな理論を過去の思想を解釈するために導入したのではない。竹村牧男『空海の言語哲学――『声字実相義』を読む』春秋社、二〇二一年、第五章参照。

参考文献

井筒俊彦の著作

『井筒俊彦著作集』全十一巻・別巻、中央公論社、一九九一―一九九三年。

『井筒俊彦全集』全十二巻・別巻、慶應義塾大学出版会、二〇一三―二〇一六年。

『老子道徳経』古勝隆一訳、慶應義塾大学出版会、二〇一七年。

『クルアーンにおける神と人間――クルアーンの世界観の意味論』鎌田繁監訳、仁子寿晴訳、慶應義塾大学出版会、二〇一七年。

『イスラーム神学における信の構造――イーマーンとイスラームの意味論的分析』鎌田繁監訳、仁子寿晴・橋爪烈訳、慶應義塾大学出版会、二〇一七年。

『存在の概念と実在性』鎌田繁監訳、仁子寿晴訳、慶應義塾大学出版会、二〇一七年。

『言語と呪術』安藤礼二監訳、小野純一訳、慶應義塾大学出版会、二〇一八年。

『東洋哲学の構造――エラノス会議講演集』澤井義次監訳、金子奈央・古勝隆一・西村玲訳、慶應義塾大学出版会、二〇一八年。

『スーフィズムと老荘思想』上下巻、仁子寿晴訳、慶應義塾大学出版会、二〇一九年。

日本語文献

青木保『異文化理解』岩波書店、二〇〇一年。

――『多文化世界』岩波書店、二〇〇三年。

赤松明彦『インド哲学10講』岩波書店、二〇一八年。

秋月龍珉『無門関を読む』講談社、二〇〇二年。

カレン・アームストロング『イスラームの歴史』小林朋則訳、中央公論新社、二〇一七年。

安藤礼二『近代論――危機の時代のアルシーヴ』NTT出版、二〇〇八年。

――『折口信夫』講談社、二〇一四年。

――『大拙』講談社、二〇一八年。

――「東洋哲学素描――鈴木大拙、折口信夫、井筒俊彦の仏教」『現代思想』(二〇一八年一〇月臨時増刊号)、青土社、二〇一八年。

――「井筒俊彦の隠された起源」『言語と呪術』解説、慶應義塾大学出版会、二〇一八年。

――「ディオニュソス的人間の肖像」『群像』(二〇二〇年七月号)、講談社、二〇二〇年。

――「哲学と批評」『世界哲学史』第八巻、筑摩書房、二〇二〇年。

――「霊性の革命」『死者と霊性』末木文美士編、岩波書店、二〇二一年。

安藤礼二・若松英輔編『井筒俊彦――言語の根源と哲学の発生』河出書房新社、二〇一四年。

池田知久『『老子』――その思想を読み尽くす』講談社、二〇一七年。

――『荘子　全訳注』上下巻、講談社、二〇一四年。

石田隆太「天使学の共時的構造化――井筒、コルバン、アクィナス」『理想』第七〇六号、二〇二一年。

和泉悠『悪い言語哲学入門』筑摩書房、二〇二二年。

伊藤邦武、山内志朗他編『世界哲学史』全八巻・別巻、筑摩書房、二〇二〇年。

井ノ口哲也『入門　中国思想史』勁草書房、二〇一二年。

入江幸男『問答の言語哲学』勁草書房、二〇二〇年。

内山勝利、小林道夫他編『哲学の歴史』全十二巻・別巻、中央公論新社、二〇〇七―二〇〇八年。

内山俊彦『荀子』講談社、一九九九年。

ウンベルト・エーコ『記号論』全二巻、池上嘉彦訳、岩波書店、一九九六〔一九八〇〕年。

――『記号論と言語哲学』谷口勇訳、国文社、一九九六年。

――『記号論入門――記号概念の歴史と分析』谷口伊兵衛訳、而立書房、一九九七年。

大川玲子『クルアーン――神の言葉を誰が聞くのか』慶應義塾大学出版会、二〇一八年。

奥野陽子『式子内親王集全釈』風間書房、二〇〇一年。

小沢正夫、松田成穂校注・訳『古今和歌集』新編日本古典文学全集第十一巻、小学館、一九九四年。

ジョン・オースティン『言語と行為――いかにして言葉でものごとを行うか』飯野勝己訳、講談社、二〇一九年。

小田崇晴「井筒の無色的禅美学とバークリの認識論――「詫び」のイマージュ」『理想』第七〇六号、二〇二一年。

小野純一「存在の夜をこえて――意味の形象と垂直性」『理想』第七〇六号、二〇二一年。

垣内景子『朱子学入門』ミネルヴァ書房、二〇一五年。

ハンス＝ゲオルグ・ガダマー『真理と方法』第三部、轡田收・三浦國泰・巻田悦郎訳、法政大学出版局、二〇一二年。

エルンスト・カッシーラー『人間――シンボルを操るもの』宮城音弥訳、岩波書店、一九九七年。

加藤重広『言語学講義――その起源と未来』筑摩書房、二〇一九年。

加藤隆宏「井筒俊彦とウパニシャッド」『理想』第七〇六号、二〇二一年。

加藤雅人『意味を生み出す記号システム――情報哲学試論』世界思想社、二〇〇五年。

鎌田繁『イスラームの深層――「遍在する神」とは何か』NHK出版、二〇一五年。

河村孝通・角田泰隆編・校註『本山版訂補　正法眼蔵』大本山永平寺、二〇一九年。

衣川賢次『臨済――外に凡聖を取らず、内に根本に住せず』臨川書店、二〇二一年。

木村清孝『『正法眼蔵』全巻解読』佼成出版社、二〇一五年。

――『教養としての仏教思想史』筑摩書房、二〇二一年。

久保田淳『新古今和歌集全注釈』全六巻、角川学芸出版、二〇一一―二〇一二年。

ヨアン・P・クリアーノ『異界への旅――世界のシャーマニズムから臨死体験まで』桂芳樹訳、工作舎、二〇二一年。

小杉泰編訳『ムハンマドのことば――ハディース』岩波書店、二〇一九年。

古東哲明『〈在る〉ことの不思議』勁草書房、一九九二年。

小西甚一『「道」――中世の理念』講談社、一九七五年。

三枝充悳『世親』講談社、二〇〇四年。

斎藤慶典『「東洋」哲学の根本問題――あるいは井筒俊彦』講談社、二〇一八年。

坂部恵『坂部恵集』全五巻、岩波書店、二〇〇六―二〇〇七年。

坂本百大『言語起源論の新展開』大修館書店、一九九一年。

坂本真樹『五感を探るオノマトペ――「ふわふわ」と「もふもふ」の違いは数値化できる』共立出版、二〇一九年。

バフマン・ザキプール『井筒俊彦の比較哲学――神的なものと社会的なものの争い』知泉書館、二〇一九年。

佐治伸郎『信号、記号、そして言語へ――コミュニケーションが紡ぐ意味の体系』共立出版、二〇二〇年。

佐竹昭広『民話の思想』中央公論社、一九九〇年。

佐藤岳詩『メタ倫理学入門――道徳そのものを考える』勁草書房、二〇一七年。

ジャン＝ポール・サルトル『存在と無』上下巻、松浪信三郎訳、人文書院、一九九九年。

ジョン・サール『表現と意味――言語行為論研究』山田友幸訳、誠信書房、二〇〇六年。

澤井真『イスラームのアダム――人間をめぐるイスラーム神秘主義の源流』慶應義塾大学出版会、二〇二〇年。

澤井義次・鎌田繁編『井筒俊彦の東洋哲学』慶應義塾大学出版会、二〇一八年。

レイ・ジャッケンドフ『思考と意味の取扱ガイド』大堀壽夫他訳、岩波書店、二〇一九年。

朱熹『「朱子語類」抄』三浦國雄訳注、講談社、二〇〇八年。

末木文美士『『碧眼録』を読む』岩波書店、二〇一八年。

――『冥顕の哲学――いま日本から興す哲学』全二巻、ぷねうま舎、二〇一八―二〇一九年。

――「井筒／仏教／神智学」『理想』第七〇六号、二〇二一年。

末木文美士編著『死者と霊性――近代を問い直す』岩波書店、二〇二一年。

菅野盾樹『示しの記号――再帰的構造と機能の存在論のために』産業図書、二〇一五年。

――『新修辞学――反〈哲学的〉考察』世織書房、二〇〇三年。

リチャード・スティーヴンズ『悪癖の科学――その隠れた効用をめぐる実験』藤井留美訳、紀伊國屋書店、二〇一六年。

チャールズ・L・スティーヴンソン『倫理と言語　増訂版』島田四郎訳、内田老鶴圃、一九八四年。

バールーフ・デ・スピノザ『思想の自由について』畠中尚志訳註、理想社、一九六七年。

デイヴィッド・セドレー『古代ギリシア・ローマの哲学』内山勝利監訳、京都大学学術出版会、二〇〇九年。

フェルディナン・ド・ソシュール『新訳　ソシュール一般言語学講義』町田健訳、研究社、二〇一六年。

染川英輔、小峰彌彦他『曼荼羅図典』大法輪閣、二〇一三年。

竹下政孝『イスラームを知る四つの扉』ぷねうま舎、二〇一三年。

竹村牧男『唯識の探究――『唯識三十頌』を読む』春秋社、一九九二年。

――『『成唯識論』を読む』春秋社、二〇〇九年。

――『『華厳五教章』を読む』春秋社、二〇〇九年。

――『『大乗起信論』を読む』春秋社、二〇一七年。

――『空海の言語哲学――『声字実相義』を読む』春秋社、二〇二一年。

――『道元の〈哲学〉――脱落即現成の世界』春秋社、二〇二二年。

モハンマド＝ホセイン・タバータバーイー『シーア派の自画像――歴史・思想・教義』森本一夫訳、慶應義塾大学出版会、二〇〇七年。

ムハンマド・アッ＝タバータバーイー『現代イスラーム哲学――ヒクマ存在論とは何か』黒田壽郎訳・解説、書肆心水、二〇一〇年。

千葉雅也『現代思想入門』講談社、二〇二二年。

ノーム・チョムスキー『生成文法の企て』福井直樹・辻子美保子訳、岩波書店、二〇一一年。

ガイ・ドイッチャー『言語が違えば、世界も違って見えるわけ』椋田直子訳、早川書房、二〇二二年。

東長靖『イスラームとスーフィズム――神秘主義・聖者信仰・道徳』名古屋大学出版会、二〇一三年。

東長靖・今松泰『イスラーム神秘思想の輝き――愛と知の探究』山川出版社、二〇一六年。

冨田恭彦『アメリカ言語哲学入門』筑摩書房、二〇〇七年。

――『観念論の教室』筑摩書房、二〇一五年。

――『ロック入門講義――イギリス経験論の原点』筑摩書房、二〇一七年。

――『バークリの『原理』を読む――「物質否定論」の論理と批判』勁草書房、二〇一九年。

ユルゲン・トラバント『フンボルトの言語思想』村井則夫訳、平凡社、二〇〇一年。

永井晋『現象学の転回――「顕現しないもの」に向けて』知泉書館、二〇〇七年。

――『〈精神的〉東洋哲学――顕現しないものの現象学』知泉書館、二〇一八年。

――「元型イマージュの構造と発生――井筒の発生的現象学」『理想』第七〇六号、二〇二一年。

長岡徹郎「井筒俊彦における「東洋哲学」の哲学的意義――西田哲学との比較から」『理想』第七〇六号、二〇二一年。

中川純男・加藤雅人編『中世哲学を学ぶ人のために』世界思想社、二〇〇五年。

中島隆博『中国哲学史――諸子百家から朱子学、現代の新儒学まで』中央公論新社、二〇二二年。

中島岳志『アジア主義――西郷隆盛から石原莞爾へ』潮出版社、二〇一七〔二〇一四〕年。

中山純一「井筒俊彦における意識構造モデルのポテンシャリティ――『意識と本質』から『意識の形而上学へ』」『理想』第七〇六号、二〇二一年。

中山康雄『共同性の現代哲学――心から社会へ』勁草書房、二〇〇四年。

中村敬『なぜ、「英語」が問題なのか?――英語の政治・社会論』三元社、二〇〇四年。

西平直『井筒俊彦と二重の見――東洋哲学序説』ぷねうま舎、二〇二一年。

日本ムスリム協会編『日亜対訳・注解　聖クルアーン』日本ムスリム協会、二〇一二〔一九八二〕年。

野本和幸・山田友幸編『言語哲学を学ぶ人のために』世界思想社、二〇〇二年。

ジョージ・バークリー『人知原理論』宮武昭訳、筑摩書房、二〇一八年。

橋本陽介『中国語は不思議――「近くて遠い言語」の謎』新潮社、二〇二二年。

アヴナー・バズ『言葉が呼び求められるとき――日常言語哲学の復権』飯野勝己訳、勁草書房、二〇二二年。

イアン・ハッキング『言語はなぜ哲学の問題になるのか』伊藤邦武訳、勁草書房、一九八九年。

久松真一『東洋的無』藤吉慈海校訂・解説、講談社、一九八七年。

藤井専英『荀子』上下巻、明治書院、一九六六―一九六九年。

ムハンマド・アル＝ブハーリー『ハディース』第一巻、牧野信也訳、岩波書店、二〇〇一年。

古荘真敬『ハイデガーの言語哲学――志向性と公共性の連関』岩波書店、二〇〇二年。

グレゴリー・ベイトソン『精神と自然――生きた世界の認識論』佐藤良明訳、岩波書店、二〇二二年。

アンリ・ベルクソン『物質と記憶』杉山直樹訳、講談社、二〇一九年。

ロイ・W・ペレット『インド哲学入門』加藤隆宏訳、ミネルヴァ書房、二〇二三年。

前田英樹『言語の闇をぬけて』書肆山田、一九九四年。

――『言葉と在るものの声』青土社、二〇〇七年。

前田雅之『古典と日本人――「古典的公共圏」の栄光と没落』光文社、二〇二二年。

アーサー・S・マクグレイド『中世の哲学』川添信介監訳、京都大学学術出版会、二〇一二。

松原秀一・坂本勉編『井筒俊彦とイスラーム――回想と書評』慶應義塾大学出版会、二〇一二年。

三崎義泉『止観的美意識の展開』ぺりかん社、一九九九年。

水地宗明・山口義久他編『新プラトン主義を学ぶ人のために』世界思想社、二〇一四年。

峯村文人校注・訳『新古今和歌集』新編日本古典文学全集第四三巻、小学館、一九九五年。

無門慧開『無門関』西村恵信訳注、岩波書店、一九九四年。

森瑞枝「無分節はあはれとのみ発露する――本居宣長の言語哲学と井筒俊彦」『理想』第七〇六号、二〇二一年。

護山真也『仏教哲学序説』ぷねうま舎、二〇二一年。

山内志朗『天使の記号学』岩波書店、二〇〇一年。

――『普遍論争――近代の源流としての』平凡社、二〇〇八年。

――『「誤読」の哲学――ドゥルーズ、フーコーから中世哲学へ』青土社、二〇一三年。

――『ドゥルーズ――内在性の形而上学』講談社、二〇二一年。

――『中世哲学入門――存在の海をめぐる思想史』筑摩書房、二〇二三年。

山内得立『意味の形而上学』岩波書店、一九六七年。

山川仁『孤独なバークリ――非物質論と常識』ナカニシヤ出版、二〇一八年。

山下正男『論理学史』岩波書店、一九八三年。

山田史生『混沌《カオス》への視座――哲学としての華厳仏教』春秋社、一九九九年。

――『哲学として読む老子全訳』トランスビュー、二〇二〇年。

山梨正明『言語学と科学革命――認知言語学への展開』ひつじ書房、二〇二一年。

湯浅邦弘編著『概説　中国思想史』ミネルヴァ書房、二〇一〇年。

横山紘一『唯識の哲学』平楽寺書店、一九七九年。

吉津宜英『法蔵――「一即一切」という法界縁起』佼成出版社、二〇一〇年。

スザンヌ・K・ランガー『シンボルの哲学――理性、祭礼、芸術のシンボル試論』塚本明子訳、岩波書店、二〇二〇年。

ジョン・ロック『寛容についての書簡』平野耿訳注、朝日出版社、一九七一年。

若松英輔『井筒俊彦――叡知の哲学』慶應義塾大学出版会、二〇一一年。

――『叡知の詩学――小林秀雄と井筒俊彦』慶應義塾大学出版会、二〇一五年。

若松英輔編『井筒俊彦ざんまい』慶應義塾大学出版会、二〇一九年。

外国語文献

Henri Bergson, *Œuvre*, textes annotés par André Robinet, Paris: PUF, 1959.
Morris Raphael Cohen, *A Preface to Logic*, London: Routledge, 2018 [1946].

Hans-Georg Gadamer, *Wahrheit und Methode: Grundzüge einer philosophischen Hermeneutik*, Tübingen: J. C. B. Mohr, 1990.

Brüder Grimm, *Ausgewählte Märchen*, Studienausgabe, herausgegeben von Ulrich Hohoff, Stuttgart: Reclam, 2020.

Muḥyī al-Dīn Ibn al-ʿArabī, *Fuṣūṣ al-ḥikam*, ed. A. ʿA. ʿAfīfī, al-Qāhirah: ʿĪsā al-Bābī al-Ḥalabī, 1946.

————, *al-Futūḥāt al-makkīyah*, 4 Vols, al-Qāhirah, 1911; repr. Bayrūt: Dār Ṣādir, [n. d.].

Raymond Klibansky (ed.), *Contemporary Philosophy: A Survey*, Vol. 4, Firenze: La Nuova Italia Editrice, 1971.

Raymond Klibansky, *Idée sans frontières: histoire er structures de l'Institut international de philosophie*, Paris: Les Belles Lettres, 2005.

John Stuart Mill, *A System of Logic, Ratiocinative and Inductive: Being a Connected View of the Principles of Evidence, and the Methods of Scientific Investigation*, Vol. 1, New York: Cambridge University Press, 2012 [1843].

Richard Stephens, John Atkins and Andrew Kingston, "Swearing as a response to pain", *NeuroReport*, Vol. 20, No. 12, 2009.

Willard van Orman Quine, *Methods of Logic*, Routledge & Kegan Paul, 1952.

————, *Elementary Logic*, Harper & Row, 1985 [1941].

Jean-Paul Sartre, *L'être et le néant: essai d'ontologie phénoménologique*, Paris : Gallimard, 1943.

あとがき

本書を執筆するにあたっては、多くの方々のお力添えを頂いた。竹下政孝先生（現在、東京大学名誉教授）に、イブン・アラビーやその後継者たちの思想を学び、鎌田繁先生（現在、東京大学名誉教授）に、モッラー・サドラーの思想を研究するために師事した頃、鎌田先生から『井筒俊彦英文著作翻訳コレクション』の作業にお誘い頂いた。本書で引用した井筒の英文著作の和訳は、その大半がイスラーム思想史家の仁子寿晴さんによる。その多大なる苦労と貢献に依拠することができたことに心からの感謝を述べたい。仁子さんにイブン・アラビー思想を教わり、「この線が神です」と言われ、目が点になった当時から、いつも恩義を感じている。

『井筒俊彦英文著作翻訳コレクション』の一環で、安藤礼二先生と共に『言語と呪術』を翻訳することから私の井筒研究は本格的に始まった。それは私の井筒理解を根底から変える出来事だった。井筒は第一義的に言語哲学者であり、同書を通して井筒の全著作を捉え直すべきだと実感した。その後、生前の井筒と個人的関係の深い澤井義次先生（現在、天理大学名誉教授）が、科学研究費による井筒研究や宗教学会でのパネル発表、井筒の蔵書調査など、基礎研究の機会を与えてくださった。それと同時期に、東洋大学の国際哲学研究センターでも、永井晋東洋大学教授を中心に井筒研究に参加する機会を頂いた。同研究は、バフマン・ザキプール博士の多大な貢献によって進んだ。彼は井筒がイラン滞在時に親交を結んだ友人や同僚、弟子たち、そして現代イランの哲学者と今もなお私たちを繋いでいる。

ケルン大学留学時には、間文化論を推進する二人から、井筒哲学を解釈する視点を示唆された。井筒俊彦と妻豊子の共著英文著作『日本の古典美学における美の理論』の独訳者、フランツィスカ・エームケ教授は、私に平安文学や軍記物、俳句の読みに井筒記号論を導入する意義を教えてくれた。故クラウディア・ビックマン教授からは、プロティノスやカントの哲学の指導、さらに井筒を間文化哲学から読むという示唆を受けた。本書へ至る道を遡るなら、井筒をイスラーム学者とする理解が多数を占めていた時期に、二人に出会えたことが支えとなったと言える。

ケルン大学には、アラビア語研究から始まって、アフリカの言語研究や文法化という新たな言語学の理論構築で世界的に著名な故ハンス＝ユルゲン・ザッセ教授がいた。私は彼の下で、一般言語学の理論のほか、日常言語学派や分析哲学系の言語哲学を学んだ。ボン大学ではヴォルフラム・ホーグレーベ教授の下でドイツ観念論を学ぶほか、クルアーン研究の世界的な指導者であるシュテファン・ヴィルト教授の下で、クルアーンの初期の写本の読解を学んだ。二人のアラビア語の専門家は、私が井筒の言語理論を応用する研究を支持してくれた。本書で行った『新古今和歌集』の解釈の一端は、実はエームケ教授とザッセ教授の下で行った試験的な分析に由来し、今回新たな構想の下再現した。ホーグレーベ教授からは絶対者や無規定の理解について示唆を受けた。

ベルギーのゲント大学でアジア研究を進めるドイツ人研究者にも多くを負う。アンドレアス・ニーハウス教授、クリスティアン・ウール教授である。ウール教授は第二次世界大戦前の日本の思想状況の研究を行うために私を研究員に採用してくれた。これはエームケ教授とニーハウス教授による推薦なしには実現しなかった。ドイツの意味論に多くを学んだ井筒の理論は、多文化社会の実現を目指すドイツの知性と良心に意義を見出されることで生き続けていた。その井筒の理論は私にドイツの知性との交流をもたらした。恩師たちの意志が本書に生きていることを希う。

文化的背景の違いを超えて緩やかに繋る関係が実現するのは、井筒哲学の魅力と必要性ゆえだろう。ボン大学のマルクス・ガブリエル教授は私がベルギーにいる間に、リオデジャネイロ連邦大学のロドリゴ・グエリゾーリ教授は私が日本帰国後に、それぞれ『言語と呪術』の集中講義を計画してくれた。そのたびに、引越しや新型コロナを理由にする私の怠惰によって延期された。業を煮やして、ゲーリゾーリ教授はラルフ・ミュラー博士（アイルランド国立大学コーク校）や『意識と本質』の独訳者ハンス・ペーター・リーダーバッハ教授（関西学院大学）らと井筒研究会を組織し、ウェブ会議が時間の無駄にならない事例を提示してくれた。これらの友人なしに私の井筒研究は進まなかった。

京都大学で経験論哲学を共に研究された山川仁さん（天理大学）と西内亮平さん（京都府医師会看護

専門学校)、現象学者の中山純一さん(東洋大学)、日本思想研究の森瑞枝さん(立教大学)は懇切丁寧にコメントをくれた。国文学専門の鈴木美笛さん(当時東京女子大学)、イスラーム思想史家の澤井真さん(天理大学)、慶應義塾大学言語文化研究所の野元晋教授や同研究所から厚い支援を受けた。本書は最初から最後まで編集者の片原良子さんの驚異的な能力と労力、センスの良さに負う。澄んだ流水の如き井筒の佇まいを具現化したのは、装丁家の小川順子さんである。お二人に恵まれ本書は成った。心から謝意を表したい。自治医科大学医学部総合教育部門の先生方にも助けられた。菊地元史教授、板井美浩教授、A・レボウィッツ教授、田中大介教授、佐々木裕子教授はいつも私の質問に時間を割き文献を示してくれた。自治医科大学の学生たちの協力にも感謝する。両親、小野久雄・小野政子の支援あって本書に至ることができた。多くの助力が本書を顕現の場とし、多くの誤謬が私を帰着の場とする。識者の助言をなお仰ぎたい。

著者
小野 純一（おの・じゅんいち）
自治医科大学医学部総合教育部門哲学研究室准教授。専門は哲学・思想史。東京大学大学院人文社会系研究科博士課程修了。博士（文学）（東京大学）。代表的な著作に「根源現象から意味場へ」（澤井義次・鎌田繁編著『井筒俊彦の東洋哲学』慶應義塾大学出版会、2018年）など、訳書にジェニファー・M・ソール『言葉はいかに人を欺くか』（慶應義塾大学出版会、2021年）、井筒俊彦『言語と呪術』（安藤礼二監訳、慶應義塾大学出版会、2018年）がある。

井筒俊彦——世界と対話する哲学

2023年 9 月25日　初版第 1 刷発行

著　者————小野純一
発行者————大野友寛
発行所————慶應義塾大学出版会株式会社
〒108-8346　東京都港区三田2-19-30
TEL〔編集部〕03-3451-0931
〔営業部〕03-3451-3584〈ご注文〉
〔　〃　〕03-3451-6926
FAX〔営業部〕03-3451-3122
振替　00190-8-155497
https://www.keio-up.co.jp/
装　丁————小川順子
組　版————株式会社キャップス
印刷・製本——中央精版印刷株式会社
カバー印刷——株式会社太平印刷社

Printed in Japan ISBN978-4-7664-2915-2